Unos locos en Roma

Unos locos en Roma

Ainhoa Lozano Cabezas

Círculo Rojo
EDITORIAL

Primera edición: junio 2025

Depósito legal: AL 5698-2025

ISBN: 979-13-7016-935-0

Impresión y encuadernación: Editorial Círculo Rojo

© Del texto: Ainhoa Lozano Cabezas
© Maquetación y diseño: Equipo de Editorial Círculo Rojo

Editorial Círculo Rojo
www.editorialcirculorojo.com
info@editorialcirculorojo.com

Impreso en España — Printed in Spain

«Los mejores viajes no son los que te llevan lejos...
Sino los que te acercan a quienes te acompañan.»

¡Vamos! Tenemos que ir a por él antes de que se lo lleve alguien. ¡Corred!

En fin, os voy contando. Por si no me conocéis, soy Ainhoa, y mis mejores amigos son Claudia, Eva y Dani. Y resulta que hace un rato volvimos de la excursión de fin de curso, fuimos a París e hicimos mogollón de cosas: ir al museo del Louvre, el Arco del Triunfo, el río Sena, la Torre Eiffel y lo mejor de todo, Disneyland. Nos lo pasamos súper bien, pero resulta que cuando llegamos al aeropuerto a Dani no le dio tiempo a subir al avión y no nos dimos cuenta hasta que llegamos a España (¿qué clase de amigas somos? No sé en qué estaríamos pensando…). Lo cierto es que ahora estamos en esa situación: estás en España y te has dejado a tu mejor amigo en París. ¿Qué vamos a hacer? Me preguntaba una y otra vez… Si os pusierais en la misma situación que yo y que toda la clase, ¿qué haríais? Los profesores pensaron en volver a París a por Dani, pero resulta que el siguiente avión a París no sale hasta mañana a las siete y media de la tarde. Mientras tanto, Dani no sé en qué estará pensando ahora mismo, tampoco podemos dejarlo veinticuatro horas solo en París, sus padres se pondrían hechos una furia y tampoco le hemos dicho a sus padres que está él solo allí. Pensamos en contactar con Dani, pero su teléfono móvil estaba en su equipaje. Vamos a ver, aquí hay muchas cosas serias que aclarar, es que ¿a quién se le ocurre meter la maleta de Dani en el avión y no al mismo Dani en carne y hueso?

Entonces a Eva se le ocurrió una gran idea, pero a la vez era una locura.

—Claudia, Ainhoa —mencionó Eva—, ¿y si nos colamos en el avión privado que sale enseguida y vamos a por Dani?

Entonces respondió Claudia…

—Eva, ¿tú no ves que eso es una locura? Y además, sí que estás espabilada, ¿cómo sabes eso del avión privado? No nos podemos colar en un avión si hay seguridades por todos lados.

Y yo añadí…

—Seguramente no nos podremos colar donde están los pasajeros, las azafatas, el conductor del avión… Nos tendremos que colar donde está el equipaje, donde están todas las maletas, y así es muy poco probable que nos pillen, ¿verdad? O bueno, eso creo y espero yo.

Eva afirmó…

—Sí, es cierto, solo hay un 28 % de probabilidades de que nos pillen.

Claudia añadió…

—Ese es el avión al que nos vamos a subir, es de lujo, o sea, un avión privado y saldrá en veinticuatro minutos, así que daros prisa y meteros en una de nuestras maletas gigantes.

Y por último todas dijimos…

—¡¡¡Prepárate, Dani, que ya vamos a por ti!!!

Así que ya comienza nuestra búsqueda llamada: «A POR DANI».

OPERACIÓN «A POR DANI»

Claudia, Eva y yo ya estamos en las maletas, pero no estamos nada de nada mal, tampoco son tan apretadas como lo parece. Al cabo de cinco minutos nos estaban empezando a meter en el avión (de momento no se han dado cuenta). Pero de repente escuché un grito de una de las maletas gigantes. (Seguramente el de Eva, cuando se enfada chilla demasiado).

—Ayyyy, jolines, qué daño, ¡¡¡queréis tirar las maletas al avión sin tener que pegarme en la cabeza!!!

Entonces los trabajadores que estaban tirando las maletas al avión bruscamente dijeron…

—Hey, ¿soy yo o es que he escuchado un grito de alguien quejándose?

—Se nota que no has dormido bien, eh, Marcos. Yo no he escuchado nada, serán imaginaciones tuyas, digo yo, ¿no?

—Sí, tienes razón, yo estoy un poco cansado, la verdad es que tienes razón, no he dormido horas suficientes.

—Venga ya, déjate ya de cháchara, debemos continuar trabajando, si no el jefe nos reñirá.

—Tienes razón, Marcos, no he escuchado nada.

Menos mal que no nos habían descubierto, porque si no… la llevamos clara.

Entonces Eva dijo…

—Chicas, ya ha despegado el avión, ya podemos salir de estas maletas llenas de ropa.

Las tres abrimos las maletas y salimos fuera de ellas a contemplar cómo era el sitio donde se guardan las maletas.

Las tres dijimos… —WOW…

—ALA…

—INCREÍBLE…

Había una montaña enorme de maletas, era realmente increíble. Había maletas azules, rosas, rojas, blancas, de muchos colores. Además, como estuvimos jugando con los juegos de mesa que se trajo Eva, se nos pasaba el tiempo demasiado rápido hasta que nos dimos cuenta de que no faltaba mucho para llegar a París. Tengo ganas de ver a Dani, espero que esté bien; por lo menos solo quedan quince minutos para llegar al aeropuerto de París y de momento siguen sin pillarnos.

Claudia dijo…

—Chicas, escuchad a la azafata, creo que está diciendo algo importante.

La azafata dijo…

—Buenos días, ya estamos aterrizando, por favor no se desabrochen el cinturón hasta que lleguemos a la pista, el equipaje podrán recogerlo sus sirvientes cuando salga del avión.

Poco después aterrizamos en el aeropuerto de París.

Laura, la azafata, añadió por último…

—Ya pueden ir saliendo por la puerta delantera derecha, un placer haber hecho este viaje con nosotros, esperamos verles pronto.

Así que fuimos saliendo por la puerta por donde habíamos entrado con las maletas y... no nos lo podíamos creer. VOLVEMOS A ESTAR EN PARÍS.

Claudia dijo...

—A ver... ¿dónde podría estar Dani? ¿Cuál fue su sitio favorito?

Yo añadí...

—Puede ser que esté en el hotel, o en Disney.

Entonces Eva, con razón, dijo...

—Igual está en el aeropuerto esperándonos, ¿no?

Y Claudia y yo dijimos...

—No, no creo... primero iremos a Disney.

Y Eva de mala gana dijo...

—Ays, está bien...

Así que fuimos a Disneyland, buscamos por todas partes y no había ni rastro de Dani. Yo dije que quizás estaba en la Torre Eiffel, así que fuimos a la Torre Eiffel y tampoco había rastro de Dani, también fuimos al hotel, hasta fuimos al museo del Louvre y por último al Arco del Triunfo y... NI RASTRO DE DANI, ya nos estábamos poniendo un poco nerviosas, es que llevamos desde las diez y media de la mañana y son las cinco y media de la tarde.

Entonces Eva repitió...

—¿Y por qué no vamos al aeropuerto como había dicho antes hace horas?

Claudia y yo dijimos disgustadas…

—Si no nos queda otra opción, más nos vale ir al aeropuerto antes que quedarnos aquí sin hacer nada.

Y Eva dijo…

—Venga, vamos, no perdamos el tiempo, aunque estamos en la otra punta de París, más nos vale correr o llegaremos al día siguiente.

—Claudia y yo somos muy, muy buenas corriendo.

Eva añadió…

—Sí, vosotras corréis muy rápido, pero yo…

Claudia dijo muy contenta (para fastidiar a Eva)…

—Bueno, Eva, vamos allá. De aquí al aeropuerto solo serán dieciséis kilómetros corriendo (Claudia me guiñó el ojo, entonces dije).

—Claro, casi nada, jiji.

A Eva casi le da algo, estuvo a punto de caerse al suelo.

—¡Eva, era una broma! Estamos a dos kilómetros andando, así que no te preocupes, podemos ir andando. Dijimos Claudia y yo a la vez.

—¡¡¡Jolín, pero de qué vais!!! Ya tengo suficientes problemas… para ahora vuestras bromitas.

Parecía que Eva estaba bastante preocupada, pero… ¿y quién no iba a estarlo? Nuestro amigo está en una ciudad completamente desconocida (bueno, algo sí que la conocemos) pero quiero decir que…

—¡Eva! Sabemos qué es lo que pasa. Y… sentimos la broma (Claudia y yo nos reímos un pelín) vale, vale. De verdad, perdón, es que estamos un poco nerviosas porque bueno… ya sabes… em…

A mí no me salían las palabras, pero Claudia dijo exactamente la palabra que no podía decir.

—¡Definitivamente hemos perdido a nuestro amigo!

—No, no chicas, no lo hemos perdido. Solo tenéis que hacerme caso, venga, VAMOS AL AEROPUERTO, como dije desde el principio, venga vale, lentorras (Eva nos sacó la lengua).

—Ehh, oyee.

Le seguimos Claudia y yo para pillarla. Cuando la pillamos las tres respondimos…

—¡Vamos allá!

Eva, cuando llevábamos medio kilómetro, nos tocó comprar unos dulces para el camino (Ayy, esta Eva) y un ratito después… Llegamos al aeropuerto, pero el problema es que el aeropuerto es gigantesco y hay muchas salas y también hay una cafetería y dos tiendas de regalos, así que las chicas y yo nos dividimos para que cada una fuera a una tienda.

Eva fue a la cafetería, Claudia fue a una tienda de regalos y yo a la otra tienda de regalos. Yo no encontré nada, Claudia tampoco, pero Eva se encontró a Dani en la cafetería. ¡Qué alegría se llevó Dani! Eva nos llamó por teléfono para que acudiéramos a la cafetería y…

—¡Dani! —exclamamos Claudia y yo.

—Por fin te hemos encontrado.

Dani, casi llorando, nos dio un abrazo a las tres y, muy contento e ilusionado, nos dijo:

—Sabía que volveríais a por mí, sois las mejores amigas del mundo.

Entonces yo dije:

—Tenemos que comunicar a los profesores que estamos aquí con Dani.

Claudia respondió:

—¡Sí! Se lo demostraremos con un selfi.

Los profesores se alegraron de que estuviéramos con Dani, así estarían más tranquilos.

—Y… ¿cuál es nuestro próximo destino? —dije yo entusiasmada.

—¿Cómo que próximo destino, es que no has tenido bastante con este viaje a París o qué? —dijo Dani.

—¿Yo? Yo nunca tengo bastante —respondí.

—Ya sé, podríamos irnos de viaje a las Maldivas, México o hasta Nueva York y Corea del Sur. Hay mogollón de sitios para irnos, tantos que ni yo sabría por cuál decidirme… Solo que sería demasiado precipitado, es imposible que nos vayamos —dijo Claudia.

—¿Cómo que imposible? Todo es posible —dije yo entusiasmada.

—¿De verdad tenéis ganas de más fiesta? —dijo Dani.

—Emmm… —dijeron Eva y Claudia dudosas.

—Claro que sí, ahora son vacaciones, así que podemos irnos donde queramos —dije yo.

—La verdad es que Ainhoa tiene razón, ahora tenemos vacaciones, pero… —dijo Claudia.

—A saber el dinero que nos cuesta el viaje —añadió Eva.

—Pues busquemos otro tipo de viaje, por ejemplo, dos días a algún sitio no muy conocido. Es por pasar el rato,

no hay nada que hacer, nos pondremos a mirar y ya veréis cómo encontramos algo para todos —dije yo.

Dani respondió:

—No es mala idea, pero no nos iremos hoy, ¿verdad?

—¡Si hoy es el mejor día! —dije yo.

—Pero es demasiado precipitado, ¿no creéis? —dijo Eva.

—Ya tenemos las maletas hechas, solo sería coger el vuelo y nos marchamos —dijo Claudia.

—Si vosotras lo decís —dijo Dani.

—¡Bien! —dijimos Claudia y yo.

—Vale… —dijo Eva.

—¿Dónde podríamos ir? Sería solo a pasar unos días. Eh —dijo Dani.

—Yo quiero ir a las Maldivas —dije yo.

—Yo, si no hay otra opción, pues… a Londres —dijo Eva.

—Yo a Viena —dijo Claudia.

Como no nos poníamos de acuerdo, nos enfadamos y empezamos a discutir entre nosotras.

—Vamos a Viena, no a Londres, no a las Islas Maldivas, que no, que yo he dicho que quiero ir aquí y punto, pues yo quiero ir a Roma y yo a…

Y Dani nos cortó diciendo:

—Pero bueno, chicas, no os peleéis, elegid un sitio y punto.

Y dijimos todas:

—Ok… 3, 2, 1… ¡¡¡Londres!!! ¡¡¡Viena!!! ¡¡¡Maldivas!!!

—Ays… pero bueno, chicas, seguís eligiendo cosas diferentes —se angustió Dani.

—A ver, hagamos una cosa… Decidme una cosa chula que se pueda visitar en el lugar que habéis elegido, el que más chulo esté, iremos a ese sitio. ¿Qué os parece? —repitió Dani.

—Bueno… vale —dijimos todas.

—Eva, dime una cosa que se pueda visitar en Londres —preguntó Dani.

—Em… pues… ¡ya sé! Por ejemplo, el Big Ben —respondió Eva.

—¿Algo más? —dijo Dani.

Eva se quedó pensando demasiado tiempo, así que descartamos Londres.

—Ahora tú, Ainhoa —me eligió Dani.

—Ays, ¿por qué yo? He elegido Islas Maldivas porque son preciosas y… —respondí yo hasta que el señorito Dani me cortó.

—Descartado, las Islas Maldivas son carísimas.

Y por último, damos paso a Claudia.

—Vale, chicos, yo he elegido Viena porque es la ciudad de la música, es muy bonita y siempre… —dijo Claudia hasta que Dani le volvió a cortar.

—No, no, Viena no —dijo Dani.

—Bueno, pues si no es Viena, podría ser Roma —dijo Claudia.

—A mí la verdad es que me parece buena opción —dije yo.

—Y a mí —dijo Eva.

—Mira, Roma es un buen sitio —dijo Dani.

—¡Pues genial! —dije yo.

—Es genial, iremos a Roma. ¿Sabéis cuándo nos vamos a ir? Como por ejemplo, la semana que viene, en agosto, en dos semanas. ¿Alguna fecha sabéis ya? Es para ir preparando las maletas —respondió Dani.

—Pero si habíamos dicho que el viaje era para hoy —dije yo.

—Anda, es verdad —respondió Dani.

—Lo acabo de mirar en internet, y podemos salir de este mismo aeropuerto, el aeropuerto de París —respondí yo.

—¡¡¡Es genial!!! Ainhoa, ¿cuántos días son? —dijo Eva.

—¡¡¡Es una semana entera!!! Nos lo pasaremos pipa, encima viene una guía incluida, dicen que se llama Marta, preparaos que nos vamos a Roma.

—Nuevo viaje hoy mismo a Roma a las 20:00 en… ¡una hora y media! —dije yo.

—Ala, chicos, mirad lo que pone en la reserva —dijo Eva.

—¿Dónde? ¡Ya lo veo! Lo voy a leer en voz alta —dijo Claudia.

—VIAJE GRATIS PARA MENORES DE 16 AÑOS. Dani añadió:

—¿He escuchado bien? O sea, viaje gratis para menores de 16 años, nosotros tenemos 15, así que… ¡Viajamos gratis! ¡¡¡GENIAL!!!

—Pero espera, espera, mira las pequeñas letras de abajo —dijo Eva.

MENORES ACOMPAÑADOS DE UN ADULTO

—Vaya, sí que lo pone pequeño, ni yo puedo leerlo —dijo Claudia.

Se nos ocurrió una pequeña idea… ¡Hacernos pasar por adultos! Como nos descubran, pues… pero lo más probable es que no, ¿verdad? Así que en la web del viaje pusimos… CLAUDIA: 18 años

EVA: 15 años

DANI: 15 años

AINHOA: 15 años

Antes de meternos en el avión y coger el vuelo, debíamos cambiar los datos de Claudia, si no, no podríamos viajar. ¡Deseadnos suerte!

—Alaaa, ¿por qué a mí? Yo no cuelo —dijo Claudia.

—Lo sentimos. Ja, ja —respondimos todos mientras Claudia se cruzaba de brazos.

Ahora que nos toca dejar la maleta para subir al avión y parece que sí que cuelan los años de Claudia, encima cogimos los mejores asientos: Eva con Dani al lado de una ventana gigante y Claudia conmigo en unos asientos reclinables geniales. Realmente de París a Roma en avión hay unas dos horitas, así que mientras tanto podemos dormir, jugar a algún minijuego de los que siempre se trae Eva o algo así como escuchar música con los cascos y relajarse un rato, aunque no sé si Eva está bien o demasiado asustada por el avión (si no lo sabíais, Eva odia las alturas, le dan fobia), así que a Dani le ha tocado sentarse a su lado, a ver cómo la tranquiliza. Las azafatas venían a ver si queríamos tomar o comer algo, había sándwiches, helados, zumos, refrescos, bocadillos, porciones de pizzas…

Dani pidió un helado y un bocadillo, Eva un sándwich y un refresco, Claudia una porción de pizza y un refresco, y yo porción de pizza y zumo. Mientras comíamos nos dimos cuenta de que ya íbamos bajando, traspasamos las nubes hasta que se veían pequeñas casas, pero a medida que íbamos aterrizando se hacían más y más grandes.

A mí se me hizo bastante corto y por fin hemos llegado a Roma, vamos a ir a nuestro nuevo hotel, más bien apartamento. Estaba justo al lado del aeropuerto, así que en tres pasitos entramos al apartamento, que estaba bastante chulo. Se parecía bastante al que fuimos en París, solo que más pequeñito. Las habitaciones eran de uno en uno (prefiero eso antes que literas), teníamos una cocina, también había cuatro habitaciones, justo las que necesitamos. Eva durmió en la habitación más cercana a la puerta, Dani en la del medio, Claudia en la de la izquierda y yo en la del fondo. Entonces dejamos las maletas en nuestro apartamento y como nos entretenimos viendo las vistas, la televisión y leyendo, se nos había hecho hora de cenar (se nos había hecho tardísimo). Hoy a Dani y Eva les tocó preparar la cena (mañana nos tocará a Claudia y a mí). Dani y Eva nos prepararon sushi con salmón que estaba buenísimo y un zumo de naranja que Dani compró en el aeropuerto de París mientras nos esperaba. Nos sentamos a cenar y estaba todo delicioso. Hicieron 110 piezas de sushi y nos las comimos todas, todas (todos nos llenamos). Cuando terminamos de cenar, la verdad es que estábamos bastante cansados, así que Dani y Eva vieron un rato la televisión mientras Claudia leía un cómic y yo un libro.

Así que ¡buenas noches! Estoy muy contenta de estar aquí en Roma (Italia). Es un lugar precioso e increíble y todavía no hemos visto nada. Nos queda mucho por delante, mañana iremos al Coliseo romano. ¡Nos guiará Marta, esa guía de internet! Y como Italia es el lugar de las pizzas y pastas, iremos a comer a algún sitio de esos, seguro que están riquísimas. Y ahora sí que sí, ya es hora de irse a dormir, buenas noches.

Al cabo de irme a «dormir» (lo pongo entre comillas porque me parece que no he dormido ni una hora esta noche). Como ya sabéis, Dani es sonámbulo y habla por las noches, así que se paseó por el pasillo mientras repetía una y otra vez «matemáticas, matemáticas». La verdad es que no sé por qué no paraba de pronunciar esas palabras, es bastante extraño. Espero que no tenga un sueño sobre las matemáticas; una vez nos dijo que soñó que le perseguían números (este chico es muy raro). Y encima tengo más razones como para no poder dormir: estoy súper nerviosa porque mañana haremos algo genial y emocionante. Ja, ja, bueno, no me demoraré más, voy a intentar dormirme.

—¡Chicos, venga, levantaos, que ya es hora! —dijo Eva entusiasmada e ilusionada.

—¿Pero Eva, has visto qué hora es? —respondió Claudia con cansancio.

—Sí, son las seis y media. ¡Venga, que ya es hora, levantaos! —repitió Eva.

—Lo dije, no he dormido nada. Todavía nos queda día por delante, pero no demasiado, así que desayunemos y vayamos al Coliseo —dije yo.

—Eso es —respondieron todos.

Así que ahora nos tocaba hacer el desayuno (a Claudia y a mí). Desayunamos crepes de plátano con fresas y fuimos rumbo al Coliseo romano. Cogimos el autobús y nos dejó justo en la puerta del Coliseo, y la guía estaba allí esperándonos.

—Hola, jóvenes aventureros, soy Marta, vuestra guía, y hoy os voy a enseñar este Coliseo, hace siglos lo usaban para luchar con espadas y caballos. Es una maravilla, venid conmigo y podréis verlo mucho, mucho mejor.

Así que entramos con Marta, que no parecía que tuviera muchos más años que nosotros. También Marta iba con un pequeño gatito llamado Morti; era adorable y se portaba bastante bien. Así que al fin entramos al Coliseo. Está hecho de piedra y es chulísimo; había muchísimos pasadizos que por poco perdemos a Marta, qué palizón le habíamos dado de aquí para allá corriendo. Marta también nos enseñó una armadura de hierro antigua y una espada chulísima con un bordeado reluciente y afilado. Detrás de la armadura había una pared que Dani, sin querer, con el gatito Morti en su hombro, se apoyó y…

—¡Noooo! —gritó Marta.

De repente, Dani y Morti, que se le había apoyado en la espalda antes de caer, se fueron a otro universo. Ya no estaba al lado nuestro, ni siquiera detrás de la pared; no había nada ni nadie detrás de la pared, tan solo un pequeño agujero que nadie sabía de qué se trataba, salvo Marta, que ella misma nos explicó que esa pared puede teletransportar a Dani y el gatito a hace mil seiscientos cincuenta

años aproximadamente. Así que nos tuvimos que intentar colar en la pared para ir a la antigua Roma, pero nada más cruzar el portal, de repente aparecimos en una pelea de gladiadores con caballos que casi nos atraviesa una lanza, pero... ¿dónde se ha metido Dani? No puede ser, de nuevo hemos perdido a Dani, es que habrá que ponerle una correa o algo. Ja, ja. Bueno, vale ya de bromas, que hay que encontrarlo cuanto antes, que a saber la de peligros que hay aquí.

Ahora que me doy cuenta, esto es genial, el aire es muy puro, es demasiado bueno para ser verdad, aunque claro, ahora que me doy cuenta, en esa época solo había carruajes con caballos, con eso se desplazaba la gente.

—Marta —pregunté—, ¿podremos volver, verdad?

—Pues... —dijo Marta preocupada—. Realmente no lo sé, esperemos que sí, pero primero debemos encontrar a vuestro amigo Dani.

—Está bien —dijimos preocupadas.

Fuimos por dentro del Coliseo (donde estábamos antes), también por donde estaban unas esculturas de dioses griegos y romanos que se veían preciosas, pero seguíamos sin encontrar a Dani. No sabemos dónde podría estar porque si no conocemos Roma, ¿cómo vamos a conocer la antigua Roma? Será más difícil todavía.

—Quizás están donde envían a los esclavos —dijo Marta.

—¿Esclavos? —nos extrañamos todas.

—Sí, puede que esté allí porque en la época que estamos ahora mismo visten de una manera rara, con túnicas

blancas y todo eso, pero vuestro amigo Dani va vestido como si acabase de salir de una tienda de ropa moderna, no de una aldea medieval. Y puede que les parezca alguien extraño que quiere hacerles algo y puede que le hayan encerrado en la mazmorra —nos explicó Marta.

—¡Ay, Dios mío! ¿Sabes dónde está esa mazmorra, Marta? —dijimos todas.

—Pues ahora que lo decís todas, me parece que sí —nos dijo Marta.

Marta nos llevó por unas calles un poco raras y nos dijo que tuviéramos cuidado porque, según un libro que se leyó, esas calles eran extremadamente peligrosas, y era totalmente cierto, qué calles más raras, olía fatal, había un montón de gente diciéndonos cosas raras, hasta una chica extraña se nos paró con un caballo. Estábamos Marta, Eva, Claudia y yo bastante asustadas, y la chica italiana nos dijo:

—Hey, alto, ¿quiénes sois vosotras? —nos dijo la chica en italiano.

—Ehh… so… somos: Marta, Eva, Claudia y Ainhoa —dijimos todas.

—Encantada, soy Artemisa y… me parece que no sois de por aquí, ¿de dónde venís? —dijo Artemisa.

—La verdad es que es una historia muy, muy larga, en fin, nuestro amigo Dani y un pequeño gatito: un chico alto y de pelo azul se coló en un agujero en el año dos mil veinticinco… —dije yo.

—Entonces, a ver si lo entiendo, se supone que vosotras venís del ¿futuro? No sé si puedo creeros del todo, ¿tenéis pruebas? —respondió Artemisa.

—¿Conoces el teléfono móvil? —dije yo.

—¿Qué se supone que es esa armadura? —se extrañó Artemisa.

—¿Armadura? Ja, ja. No, mira, es esto —respondió Claudia mientras sacaba su móvil del bolsillo delantero.

—Vaya, ¿qué es eso? —dijo Artemisa.

—El teléfono móvil es un aparato electrónico que sirve para ver vídeos, conectarse a internet, ver YouTube, Instagram, hacer fotos, llamar, chatear... —dije yo hasta que Artemisa me cortó.

—No he entendido ninguna palabra de lo que has dicho, pero... vale, os creo. (Madre mía, esto parece una tontería, si me mienten ya se pueden ir preparando) —pensó Artemisa.

—Bueno, Artemisa, te cuento. Hemos venido a esta época y creemos que a nuestro amigo lo han encerrado en una mazmorra que está por aquí cerca —dijo Marta.

—Ajá, sí, entiendo. Pues entonces subíos a mi caballo que os llevaré donde está vuestro amigo y ese gato que decís —respondió Artemisa.

—Muchas gracias —dijimos todas encantadas.

Artemisa nos llevó por esas calles tan extrañas, solo que lo que no sabíamos es por qué la gente le tenía tanto respeto hasta que Marta nos dijo...

—Chicas, ahora que me doy cuenta, esta chica es la diosa Artemisa, es una diosa muy fuerte que siempre defendía a los débiles.

—No puede ser... —nos quedamos flipando todas.

—Entonces… los dioses sí que existen. Ay —Claudia soltó un gritito de emoción, con lo que Artemisa dijo…

—Chicas, ¿va todo bien por ahí atrás?

—Sí, sí, ningún problema, gracias por preguntar —dijo Eva también un poco nerviosa.

—Solo quería deciros que falta poco para llegar, pasaremos por donde está Atenea y llegaremos enseguida —respondió Artemisa.

—Escuchad, chicas, ¿sabéis quién es Atenea? —dijo Marta.

—No me digas que es otra diosa griega —respondió Claudia.

—Pues sí, es la diosa de la sabiduría —dijo Marta.

—Vaya, qué interesante, esto es increíble… —dije yo.

Mientras íbamos en caballo y pasábamos por esas calles extrañas, nos metimos en una cueva que estaba muy oscura y había luciérnagas que iluminaban esa gran cueva, hasta que vimos a una chica con una túnica blanca bastante bonita y una corona de flores.

—Hey, Atenea, ¿cómo estás, amiga? Hoy he hecho unas amigas nuevas, pero son del año dos mil veinticinco, o sea, vienen del futuro (o eso es lo que me han dicho, espero que no sean espías) —le dijo Artemisa a Atenea.

—¡Wow, increíble! ¡Hola, chicas! —saludó Atenea.

—Disculpa, ¿tienes el encargo que te hice el otro día? —dijo Artemisa.

—Em… ¿qué era?… ¿El ramo de flores? —preguntó Atenea.

—Síii, ¿ya lo tienes? —preguntó Artemisa.

—Claro que sí, a veces se me va de la cabeza, la gente me pide muchas, muchas cosas. Aquí tienes —respondió Atenea mientras le daba el ramo a Artemisa.

—Me tengo que ir, tengo que llevar a estas chicas a buscar a un chico que han perdido, o bueno, eso es lo que me han querido decir —le susurró—. Bueno, hasta luego, un placer volver a verte. —Dijo Artemisa a Atenea.

—Ten cuidado —susurró también Atenea—. ¡Adiós!

Se despidió mientras seguía con lo suyo.

Ya estábamos saliendo de esa cueva tan preciosa, hasta que salimos otra vez a la calle con ese sol radiante y molesto, hasta que nos íbamos acercando otra vez a la oscuridad y...

—Vale, chicas, ya hemos llegado.

Respondió Artemisa tranquila.

—¡Pero qué es esto, qué miedo da!

Dijimos espantadas.

—Es una mazmorra, venga, vamos a ver si está por aquí vuestro amigo y como no me dejen pasar le tiraré una flecha.

Nos respondió Artemisa.

—Va... vale.

Respondimos algo asustadas.

Así que como era de esperar, a Artemisa le dejaron pasar, pero a nosotras...

—Dejadles pasar o os tiraré la flecha más afilada.

Les dijo Artemisa a los hombres que estaban en la puerta protegiendo la mazmorra.

—Ehh, está bien, les dejaremos pasar.

Respondió uno de los hombres.

—Venga, chicas, nos espera una gran aventura.

Dijo Artemisa.

Nosotras pasamos dentro de aquella mazmorra que en realidad solo eran cuevas con agujeros grandes donde allí metían a los prisioneros por hacer cualquier tontería como: vestir raro, hacer un baile tonto y cosas así.

Artemisa quiso quitar a todos los prisioneros de esas jaulas extrañas y llenas de suciedad para que pudiesen vivir en libertad, así que Marta, Eva, Claudia y yo ayudamos a Artemisa a quitar a los prisioneros de las jaulas hasta intentar llegar a Dani. Pero… Dani no estaba allí en ninguna de esas jaulas, así que miramos por todas partes y Dani no estaba en la mazmorra, pero Marta encontró algo en una celda y era el móvil de Dani. Así que Marta pensó…

—Oye, chicas, escuchad, yo creo que Dani estaba aquí hace un buen rato porque su móvil se ha quedado sin batería. Yo leí en un libro que cuando la gente pasaba más de tres o cuatro horas en la mazmorra se lo llevaban al rey y el rey decidirá si lo mata o no lo mata. ¿Verdad, Artemisa?

—Sí, es cierto, Marta, tenemos que ir rapidísimo, venga, montemos en mi caballo. —Respondió Artemisa.

—¿Pero cuánto tiempo llevamos aquí? —dije yo.

—Pues… unas horitas largas. —Respondió Eva.

Así que fuimos en el caballo de Artemisa por un laaaaargo trayecto y llegamos al castillo del rey (que no teníamos ni idea de cómo se llamaba). Entramos al palacio que justo en nuestros tiempos está en ruinas, pero en esta época era el castillo más bonito que he visto en mi vida. Las

paredes por dentro resplandecían, todo estaba lleno de luz y color, aunque también había que subir unas escaleras. Cuando creíamos que habíamos llegado a la habitación del rey, había que subir otro piso y luego otro, otro y otro hasta que Claudia dijo:

—Podemos coger el ascensor… —la verdad es que se quedó pensando un rato hasta que se dio cuenta—. ¡Ahí va! Ahora que me doy cuenta, en esta época no había ascensores.

Buff… Madre mía, qué tostón, más de once pisos para arriba, aunque por lo menos ya estábamos en la habitación del rey.

—¡Por fin hemos llegado!

Dijimos todas.

El rey estaba sentado en su trono de oro puro mientras dos sastres le abanicaban y el otro le enseñaba trajes que había hecho a mano.

—Espera… —le dije al oído a Claudia—, no será ese el rey, Sergio II, ¿no?

—Vaya, me parece que sí, pero… ¿desde cuándo un rey romano se llama Sergio? —dijo Claudia asombrada.

—Ostras, pues no sé, ja, ja.

Dije yo.

—Buenos días, nuestro rey, soy Artemisa, seguramente se acuerde de mí… —dijo Artemisa mientras le cortó la frase el rey con cara de pocos amigos…

—Claro que me acuerdo, tú eras esa malvada que me destrozó el castillo por segunda vez, ¿no es así? Guardias, echadla de aquí.

Respondió ese rey.

Justo antes de que se acercaran los guardias del rey a Artemisa, ella dijo…

—Pero qué dice, no, no, no, nada de eso, yo fui la que le salvé de esa malvada, ¿lo recuerda?

—Ah, vale, puedes seguir hablando… ¡¿Es que no sabéis abanicar más fuerte!? Disculpa, ahora sí que puedes seguir.

Se mosqueó el rey con los sastres…

—Yo solo quería venir a decirle si por aquí ha visto a… —le volvieron a cortar la frase a Artemisa.

—Un chico alto de pelo azul y con una camiseta de pájaro. —Dijo claramente Claudia.

—Y no os olvidéis de mi pequeño gatito —dijo Marta preocupada y algo enfadada.

—Ah, sí, claro, le mandé a que fuera mi sirviente porque vestía raro y, sí, por supuesto, también le mandé a ese gato feo y pulgoso.

Dijo el rey de mala gana.

—¡¿Pero tú de qué vas, quién llamas tú gato feo y pulgoso!?

Se encaró Marta con el rey.

—Cálmate, Marta, no te preocupes, seguro que lo ha dicho de broma.

Dije yo.

—Sí, sí, claro, este ahora se va a enterar.

Dijo Marta enfadada.

De repente salió Dani con los típicos trajes de sirvienta y el gatito en su cabeza.

—¡Daniiiiiii! ¡Aquí estás!

Dijo Claudia feliz.

—¿Pero…? ¿Qué haces vestido así? Ja, ja. —Nos reímos todas.

—¡Mortiiiiii, querido gatito, cómo estás!

Dijo Marta muy preocupada y con lágrimas en los ojos.

El gatito fue a Marta a darle un abrazo, estaba muy asustado.

—Bueno, me parece que ya es hora de irse, podríais despediros de la antigua Roma porque volveremos a la Roma normal y corriente.

Dijo Marta siendo algo responsable.

Dani se veía un poco triste, parecía que no quería irse, pero a mí me parece bastante extraño porque después de todo lo que ha pasado…

—Yo no quiero irme… —me cortó Dani.

—Me lo esperaba —dije yo—. ¿Qué tienes escondido?

—Emm…

Se quedó pensando Dani.

De repente salieron dos chicos de más o menos nuestra edad que eran los hijos del rey. Ellos se presentaron:

—Hola, mi nombre es Jose Ángel, pero me podéis llamar Jose.

—Y yo soy Jose Tomás, pero me podéis llamar Pope.

Yo pensé que no serían muy majos porque el rey… Bueno, el rey es aburrido, malvado, pesado… Pero en cambio, sus hijos no tienen nada que ver con él, en realidad son todo lo contrario, eso sí, bastante loquitos y… se parecen a Dani, son olvidadizos, son graciosos, se quedan mirando

una mosca… y creo que Dani ha hecho nuevos amigos, lo cierto es que no parecen de esa época, casi que parece más de la nuestra por cómo visten y todo eso, así que nos toca presentarnos a nosotras.

—Hola, mi nombre es Eva.

—Yo soy Marta y este es mi gatito Morti.

—Ah, sí, ese gato nos atacaba a los pies.

Dijo Jose riéndose.

—Ja, ja, ja.

Nos reímos todas.

—Hola, yo soy Claudia.

—Yo Artemisa, vosotros ya me conocéis.

—Y yo soy Ainhoa, encantada de conoceros.

—Bueno, ahora sí que sí nos tenemos que ir, hay que ver muchas cosas en nuestro tiempo… —dijo Marta.

—Y… ¿no pueden venir a ver lo que nosotros tenemos? —respondió Pope.

—Siii, por favor, Marta.

Dijo Dani.

—Pero Dani, ¿seguro de que los conoces? Ten cuidado a ver dónde nos llevan, hay que andar con ojo que tú te precipitas a todo, que te conocemos.

Dijo Claudia al oído de Dani sin que nadie lo escuchara.

—Claro, claro, tú tranquila, son inofensivos… —dijo Dani hasta que Pope le cortó las palabras.

—Oye, chicos, nos tenemos que ir ya, si no mi padre os descubrirá.

Dijo Jose.

—¿Y qué pasa si nos descubre?

Pregunté yo.

—Nada, es que no nos dejan ir con gente RARA.

Dijo Jose.

Perdona… nos acaba de llamar RAROS, o sea… RAROS en serio. A ver, sí, puede que tenga que ver con que no somos de su época ni nada de eso, pero es que nos tenía que llamar RAROS, ¿de verdad? Eso me ha ofendido, eh. Bueno, a mí y a todos.

—¿De verdad os fiáis de estos tipos que no conocéis de nada, absolutamente nada? —Marta se lo volvió a pensar—. Ay, está bien, pero solo un rato, ¿os queda claro, eh?

Respondió Marta a nuestros oídos.

—Sí, sí, lo que tú digas.

Dijo Claudia sin prestar atención.

—Hey, chicos, ¿os gustaría ir al sitio prohibido?

Dijeron Pope y Jose.

—¿Al sitio prohibido?

Nos extrañamos todos.

—Hey, hey, hey, ¿dónde pensáis que vais?

Dijeron Marta y Artemisa.

—Al sitio pro… —dijo Eva mientras Jose le cortaba las palabras.

—Eh, eh, va— vamos a… al sitio de los pro… ¡prodigios! —respondió Pope disimuladamente.

—Está bien, pero portaos bien.

Dijo Artemisa.

—Pero… ¿vais a ir vosotros solos? —dijo Marta con su gato.

—Pues claro que sí, esto nos lo conocemos muy, muy bien, claro, como vivimos aquí, pues vamos a enseñarle nuestra aldea, no habrá ningún problema, nada de qué preocuparse —dijeron Pope y Jose.

—No me parece bien, voy con vosotros —dijo Marta decidida.

—No, no hace falta, sabemos dónde vamos… Tú quédate aquí con Artemisa, no tardaremos —dijo Pope.

—Está bien… Pero tened cuidado, ¿eh? —respondió Marta mientras nosotros nos íbamos.

Mientras nos íbamos, fuimos yendo por monumentos que en nuestros tiempos, están un poquito destrozados, como por ejemplo:

- El castillo de Sant'Angelo
- El Circo Máximo
- Las Termas de Caracalla
- El Foro Romano
- El Área Sacra
- El Panteón de Agripa

En primer lugar, fuimos a El castillo de Sant'Angelo. Es muy chulo y se empezó a construir en el año 130 a. C. Como nosotros hemos caído en el año 133 a. C., lo acababan de terminar de construir, aunque todavía no se podía entrar dentro porque es el castillo de otro rey. Pero tuvimos mucha suerte porque, como Pope y Jose son los hijos del rey, nos dejaron pasar. Nos explicaron los guardias que había en las puertas para ver a dónde teníamos que ir.

Guardia 1: Les presento el nuevo castillo, hijos de nuestro querido y preciado rey.

Guardia 2: Adelante, adelante... Ey, esperen un momento, ¿quiénes son estos chicos?

—Eh... son unos primos lejanos y les estábamos enseñando la aldea —dijo Jose intentando despistarlos.

—Bueno, en ese caso, adelante —dijo uno de los guardias.

—Muchas gracias, señores raros —dijo Dani mientras nos alejábamos.

Los guardias se le quedaron mirando con una cara tremenda, y yo le dije a los guardias...

—Disculpen, perdónenle... es que... resulta que hoy no se encuentra muy bien.

Fuimos viendo ese castillo, pero la verdad no entendíamos para qué Pope y Jose nos llevaron a ese castillo, siendo que íbamos a ir a ese supuesto sitio prohibido, así que decidí preguntarles.

—Emm... —dije yo con curiosidad—. No se suponía que íbamos a ese supuesto sitio prohibido.

—Claro, Ainhoa, pero estamos cogiendo un pequeño atajo, llegaremos enseguida —respondió Jose.

Así que recorrimos el castillo entero. Estaba lleno de cosas de oro, cuadros un poco extraños pero magníficos, y cada vez iba anocheciendo más. Allí no había bombillas ni nada de eso porque no existían en esta época. Mientras salíamos del castillo, fuimos por unos puentes de madera, pero de repente un trozo de puente se rompió y Dani se coló por el agujero y se quedó colgando de la camiseta mientras pedía ayuda. Los dos hermanos, Pope y Jose, le intentaron coger, pero ellos también se colaron y cayeron

con Dani al río de abajo. La corriente del río les arrastraba y nosotras no sabíamos qué hacer porque estamos aquí en Roma y no tenemos guía, ni siquiera nos funcionan los teléfonos. No sabíamos qué hacer, la corriente es muy fuerte y ahora, en vez de uno, tenemos que rescatar a tres. Será mucho más difícil. A ver, ellos son los hijos del rey, algo digo yo que harán. También pensamos en llamar a Artemisa, ni siquiera hemos llegado al sitio ese prohibido que decían.

—Hey, mirad chicas, una cuerda y parece que es bastante larga —dijo Eva.

—Sí, ¿y qué pasa? —dijo Claudia.

—Que quizás con ayuda de esta cuerda podemos rescatarlos, ¿no creéis? —nos explicó Eva.

—Puede que sí. ¿Sabéis dónde termina este río? Si estuviera Marta o Artemisa lo sabríamos —respondí yo.

—Pero… ¿por qué hay una cuerda que aparece de la nada? —dije yo asustada.

—Eso es lo de menos, sigamos nuestro plan —dijo Claudia.

—Pues… creo que este río rueda en círculos, simplemente rodea el castillo como podéis ver —dijo Eva.

—Igual si nos quedamos donde estamos podemos rescatarlos —dijo Claudia.

—¿A qué te refieres? —respondimos Eva y yo a la vez.

—Pues que como el río va dando vueltas, al final llegarán a donde estaban antes, así será más fácil —explicó Claudia.

—Entendemos —dijimos Eva y yo.

—Pues venga, preparaos que no tardarán mucho en llegar —dije yo.

—¡¡¡Chicas al poder!!! —dijimos todas con entusiasmo.

Entonces nos pusimos manos a la obra. Claudia y yo cogimos de cada extremo la cuerda y Eva se puso en el puente para intentar cogerlos.

—¡Por allí vienen! —dijo Claudia mientras se preparaba.

Ya venían por el río y les dijimos…

—Hey, por aquí. Sujetaos a la cuerda.

Menos mal que pudimos cogerlos. Se agarraron bastante bien, solo los tuvimos que levantar para arriba y los tenemos.

—Chicas, lo hemos conseguido, celebremos nuestra victoria —dijo Eva.

—¡¡¡Chicas al poder!!! —respondimos todas con entusiasmo.

Jose tosía y se encontraba mal porque tragó demasiada agua, a Dani le dolía mucho la cabeza y a Pope casi se le lleva una cascada, pero por lo menos no le ha pasado nada.

—Bueno, creo que ya va siendo hora de ir al sitio prohibido como os prometí —dijo Jose con dolor.

—¿Por qué no vamos al médico? —dijo Claudia.

—¿Médico? Los médicos aquí son carísimos, hay que pagar una buena cantidad de monedas de oro. Nosotros sí que podríamos pagarlo, pero si vamos ahora no podremos enseñaros el sitio prohibido —respondió Pope.

—Vaya, es verdad, ahora me acuerdo, estamos en una época en que la seguridad social no es gratis —dijo Claudia.

—¿La seguri… qué?… —dijo Jose dudando.

—No, no es nada importante —dije yo.

—Bueno, tenéis que seguir por este camino, después a la izquierda, recto y a la derecha, y ya habréis llegado —dijo Pope nervioso mientras se echaba para atrás.

—Pero… ¿dónde vais? —dijo Eva.

—No… es que… sí, tenemos que… hacer… un, un recado —dijo Jose mintiendo.

—Oye, sabemos que tenéis miedo —dijimos todas.

—No, qué va —dijo Dani.

—Va chicos, no seáis miedicas, venid con nosotras, encima habéis dicho vosotros que íbamos a ir —dije yo.

—Bueno… está bien —dijo Pope.

Por fin fuimos a ese sitio del que hablaban tanto. Estoy ansiosa (aunque no lo parezca, también estoy asustada). El camino es totalmente normal y tranquilo hasta que llegamos al próximo bosque. Es muy espeluznante, estaba oscuro, la luz la tapaban los árboles, daba mucho miedo y ahí había una especie de castillo espeluznante y con huecos de bombas. En fin, la leyenda cuenta que ahí vivían los demonios de los palacios oscuros.

—¿Entramos? —dijo Dani.

—Claro que sí —dije yo.

—No, no… —dijo Claudia asustada—. A mí esto me da muy mal rollo.

—Em… —dijo Eva.

—¿Qué pasa, no será tan peligroso? —dijo Jose.

—Ya hemos entrado varias veces y no ha pasado nada, solo que nuestro padre dice que es muy peligroso y te-

nemos prohibida la entrada, pero no pasa nada, no nos pillará —dijo Pope.

—¡Cómo que no! A saber la de peligros que hay ahí dentro, hay que tener mucho cuidado, lo mejor es que no entréis —dijo Eva.

—A ver… puede que sí que haya peligros por ahí, no sé… —me asusté mientras me tiraba hacia atrás.

—Id vosotros, os espero aquí fuera con Claudia —repitió Eva.

—Bueno, está bien —dije yo no muy convencida.

¡¿Y me voy a meter en este castillo que puede haber espíritus y cosas raras con tres chicos que están locos perdidos!? Me lo pensé una y otra vez si entrar en este castillo porque no funcionan los móviles, es decir, no puedo hacer llamadas para pedir ayuda. No sé qué hacer, la verdad, esto es muy difícil de pensar, pero creo que sería una buena oportunidad porque esto nunca más podré verlo y también debo de comprobar si la leyenda es verdadera o falsa. He decidido que sí, voy a entrar.

—Necesitaremos algo de luz para ver —dijo Jose justo en la puerta antes de entrar.

—Para eso yo y Dani estamos preparados.

Dani sacó su teléfono y encendió la linterna, no se podrá llamar ni ver las redes sociales, pero encender la linterna sí.

—¡¿Qué clase de brujería es esta!? —dijeron Pope y Jose asombrados.

—Es… la linterna del móvil, nada más —respondió Dani.

—¡Es el mejor invento que he visto en toda mi vida! —dijo Jose.

—Hey, Ainhoa —me dijo Dani al oído—, ¿por qué se ponen así? Tan solo es una linterna.

—Es normal, Dani, ten en cuenta que ellos solo se alumbran con fuego y candelabros —le respondí yo a Dani al oído.

—Ay, claro, es verdad —entendió Dani.

—Pero chicos, esto, ¿qué es? ¿Cómo habéis metido fuego en esa caja cuadrada? —dijo Jose.

—¿Cómo, fuego? ¿A qué te refieres? —respondió Dani a Jose.

—Mirad, ¿os acordáis que os dijimos que venimos del futuro? —dije yo.

—Anda, claro, es verdad —dijo Pope.

—Entonces esto que veis aquí se llama móvil, sirve para hablar con otras personas, ver vídeos, jugar en línea, utilizar la linterna y muchísimas más cosas.

Respondí yo.

—No he entendido nada de lo que has dicho, pero vale —dijo Jose.

—Ahora sí, vamos dentro con cuidado y no toquéis nada —dije con precaución.

—Vale, que si no nos saldrá un demonio, ja, ja, ja —dijo Dani.

La verdad es que no se lo tomaban nada de nada en serio. También se puede derrumbar y nadie se da cuenta porque está muy, muy apartado del pueblo.

—Esto no tiene entusiasmo, simplemente es un casillo extraño —dijo Dani con desilusión.

—¿Castillo? No, esta era la vieja cárcel, solo que le llaman castillo, pero no tiene nada que ver. Suelen decir que

se les escaparon algunos malos, ja, ja, ja —dijo Pope para meter miedo.

—Pope, basta de bromas, tenemos que estar alerta por si pasase algo —dije yo.

Jose se nos alejó un poco y no nos dimos cuenta hasta que empezamos a gritar.

—Jose, Joseee. ¡Hey! ¿Dónde estás? —dijimos todos.

—Ays, perdón, aquí estoy, me había despistado —dijo Jose asustado.

—¡No vuelvas a hacer eso, hermano, me has asustado! —respondió Pope enfadado.

—¡Chicos! Eh, chicos… —dije yo porque vi algo raro. De repente, las piernas se me paralizaron solas.

—¡Eeee! ¿Dónde vais? Estoy aquí —le grité de nuevo, pero no me hicieron caso.

Al cabo de un rato se dieron cuenta de que yo no estaba.

—Oye, chicos, ¿y Ainhoa? —dijo Pope.

—Ostras, ¿dónde se ha metido? —dijo Jose.

—Tranquilos, seguro que nos está gastando una broma —dijo Dani.

—Pues no sé, ¿no deberíamos de ir a buscarla? —dijeron Pope y Jose.

—No, seguro que está bien, ya vendrá —dijo Dani.

Al cabo de un rato pude levantarme, no sé cómo me podía haber pasado eso, es una cosa que nunca me había pasado, pero seguí asustada ese camino del pasillo de piedra. Pero, cuando llegué al final del pasillo, me di cuenta de que había ocho huecos para pasar por uno de ellos y no sé dónde se pueden haber metido.

¡Aaaaaaaaaaaaaaaa! —grité yo.

—¿Qué ha sido ese ruido? —dijo Jose.

—Creo que es Ainhoa —respondió Dani.

—Vamos, corred —dijo Pope.

—Vamos por este pasillo —dijo Dani.

—No, por este —respondió Jose.

—Mejor por este —añadió Pope.

—No podemos separarnos, chicos, vamos por el que ha dicho Jose —dijo Pope.

—Vale, vamos —respondieron todos.

—Vamos por el pasillo de piedra donde estábamos antes. Para especificar, el de la entrada —dijo Jose.

—¡¡¡Aaaaah, un monstruo gigante!!! —dije yo.

—Chicos, he escuchado el grito por aquí. ¡Vamos! —dijo Pope.

—¡Aaaaaa, qué es esto, chicos, la he encontrado! —dijo Pope, súper asustado, que casi se le sale el alma.

—Siii, chicos, estoy aquí —dije yo.

Cuando llegaron Dani y Jose se pusieron a gritar porque vimos a un tipo de espíritu.

—¡Aaaaaaaaa! —gritó Pope justo antes de desmayarse.

—Pope, Pope, hermano, hermano... —gritaba Jose desesperado.

—Popeeeeeeee —dijo Dani.

—Venga, salgamos de aquí, es urgente. ¡Vamos! —grité yo.

Nosotros cogimos a Pope entre los tres, en las piernas y en los brazos, fuimos corriendo lo más rápido que podíamos y ese monstruo o espíritu con aspecto de persona zombi nos perseguía, pero nos dimos cuenta de que él no

era el único zombi que había en esa cárcel. De repente, por la derecha, por la izquierda, enfrente, hasta detrás… por todas las direcciones nos aparecieron los zombis. Nosotros no sabíamos qué hacer porque nos tenían acorralados. Podíamos pasar por debajo de sus piernas, pero era demasiado precipitado, así que, como Pope seguía estando desmayado, a Jose y Dani se les ocurrió tirarles a Pope encima.

—¡Pero chicos, pobre Pope! —dije yo.

—No pasa nada, ni siquiera lo notará, sé muy bien sobre mi hermano —dijo Jose.

—Si lo vais a hacer, hacedlo ya. ¡Se están aproximando más zombis! —dije yo con escalofríos en el cuerpo.

Dani y Jose, sin pensárselo, lanzaron a Pope con todas sus fuerzas a los zombis. Menos mal que los aplastó y gracias a Pope nos abrió un camino y pudimos salir corriendo de la misma forma que antes, cogiendo a Pope, que no sé cómo seguía inconsciente después de todo lo que ha pasado. Pero menos mal que pudimos salir de esa casa, castillo, cárcel o lo que sea.

Cuando llegamos a la puerta dejamos a Pope en el suelo y le intentamos reanimar con un poco de agua y menos mal que se despertó.

—¡Pope, estás vivo! —dijimos todos.

—¡¿Dios mío, soy yo o hay alguien más que ha visto eso?! —dijo Pope.

—¿De qué hablas? —dijo Dani.

—Uy, pues de ese monstruo que parecía un zombi y todo eso. Madre mía, sigo aterrado. Por cierto… ¿dónde estamos? —dijo Pope dudoso.

—Es una larga historia —dije yo.

—¡Mirad! Allí están Claudia y Eva —dijo Jose.

—¡Chicassss! —gritamos todos mientras corríamos en dirección a donde estaban Claudia y Eva.

—Pero… —dijo Claudia.

—¿Qué os pasa? —respondió Eva.

—No os lo vais a creer, pues resulta que en ese castillo embrujado ha pasado una cosa alucinante… —dijimos todos a la vez.

—Si puede ser, mejor que habléis de uno en uno —dijo Eva.

—Pues cuando hemos entrado iba todo genial y no pasaba nada hasta que de repente no sabíamos dónde estaba Ainhoa —dijo Dani.

—Y escuchamos un grito que parecía venir de la izquierda, entonces fuimos corriendo hacia allí —siguió Jose.

—Hasta que me encontraron, había un monstruo gigante que parecía tener aspecto de zombi, pero lo peor es que no me podía mover y… —dije yo hasta que me cortó Pope.

—Y yo me desmayé por ver ese espeluznante y horripilante monstruo o zombi. Y ya la verdad es que no me acuerdo de nada más —dijo Pope.

—Ays, madre mía, Pope, en fin, sigo yo. Cuando Pope se desmayó no llegó a caerse al suelo porque justo en ese momento pude poner la mano —dije yo.

—Ainhoa, Jose y yo lo cogimos hasta llegar a la salida y en la puerta pudimos reanimarlo —continuó Dani.

—Y fin —terminó Jose.

Claudia y Eva se nos quedaron mirando con cara de asombro.

—Pero… ¿cómo puede ser? —dijo Eva.

—Lo sabía, sabía que ese sitio estaba embrujado y que había cosas raras —dijo Claudia.

—He de admitir que he pasado miedo —dijo Dani.

—Yo también —dijo Jose.

—Y yo —dijo Pope.

—Yo más, que encima me habéis dejado en el final —dije yo.

—¿Podemos irnos ya? —dijo Pope asustado.

—Sí, hermanito, más vale que nos vayamos ya o si no… —dijo Jose.

—Ja, ja, ja —dijimos todos.

Mientras nos alejamos del castillo embrujado nos dirigimos a casa de Jose y Pope, pero decidimos pasar por un sitio que a Pope le encantaba. La categoría de este mes se llamaba EL BARRIO DEL TORO y está en el circo máximo. El que íbamos a visitar en el año 2023, que está en ruinas, pero en la época que estamos ahora se puede ver perfectamente. Fuimos a sentarnos en el sitio V.I.P. porque el rey nos dejó pasar. Yo la verdad es que no soy muy fan de los toros, pero bueno, mientras no les hagan daño, por mí perfecto. Sonó una campana y eso significa que empezó el espectáculo.

—Bona tarde, amables espectadores, yo soy el rey Sergio II, hemos de empezar el espectáculo —dijo el rey con acento italiano.

Pope salió un momento, cruzó el circo y se puso en el medio para presentarse.

—Yo soy Jose Tomás, pero me gusta que me llamen Po… —dijo Pope con orgullo, pero de repente un sonido chirriante le cortó las palabras a Pope.

—CHICO… ¡EH, CHICO! —gritó un hombre del público.

Pope se giró y vio que ese chico le señalaba cómo un toro iba corriendo hacia él.

—¡¡¡Aaaaaaa, pero qué ha pasado!!! —gritó Pope.

—Hijo, hijo… —dijo el rey asustado y preocupado.

Pope esquivaba al toro en cada movimiento y nosotros pensábamos que eso era parte del espectáculo.

—Vaya, muy bien, Pope —dijo Claudia.

—No, esto no es parte del espectáculo, no debería de haber pasado esto, espero que no le pase nada… —dijo el rey.

—¡¿Es en serio?! Tenemos que ir a ayudarlo, chicas, venid conmigo, vamos abajo a intentar meter al toro en su caseta —dijo Dani.

—Sí, aunque a mi hermano le gusten los toros, le suelen asustar mucho —dijo Jose.

—Venga, vamos —dije yo.

—¡Vamos! —repitió Claudia.

—Chicos, esperad… —nos dijo el rey.

—¿Qué ocurre? —dijimos nosotros.

—Yo también voy con vosotros, mi hijo es muy importante para mí —nos explicó el rey.

—Puede venir con nosotros, no se preocupe —dije yo.

Así que una nueva misión, creo que la llamaré… «RESCATE DE POPE» o quizás «A POR POPE». No sé cómo podría ponerle de nombre, todavía lo estoy pensando…

MISIÓN «RESCATE DE POPE»

Bueno, aquí empieza todo: cinco chiquillos (también me incluyo a mí) y un adulto contra un toro. AVISO IM-PORTANTE: Ni Pope ni el toro sufrirán ningún daño, así que perfecto. Este es mi plan:

Nosotros entraremos a donde están corriendo Pope y el toro, haremos lo siguiente: cogemos la capa del rey y, como es roja, podremos atraerlo supuestamente. Los toros, cuando ven el rojo, van a por él. Nosotros ahora mismo estamos metidos en unos barrotes de piedra, sacaremos fuera la capa y esperaremos a que la vea el toro. Cuando venga directo a ella…

—Entonces Ainhoa saldrá y irá a rescatar a Pope —dijo Dani.

—Sí, claro. ¿Por qué yo? —respondí yo.

—Em… ¿Y quién se ofrece a salir? —pensó Dani.

—A ver, lo primero es que yo no he dicho nada de que vaya a salir alguno de nosotros a rescatar a Pope —dije yo.

—Pues también es verdad —dijo Claudia.

—¿Queréis que siga o no? —respondí yo.

—Vale, sí —dijeron todos.

—Pues pensaba que cuando el toro ya hubiera veni…

Seguí hablando yo hasta que el rey me cortó las palabras.

—¡¡¡Mi hijo está en apuros, venga, hagan algo!!! —dijo el rey de muy malas maneras.

—A ver, señor, yo sé que usted es rey, pero tampoco hace falta hablar de esas maneras. Estamos pensando qué hacer para que su hijo pueda salir sano y salvo sin que le pase nada —contesté yo.

—S… sí, vale —dijo el rey con lágrimas en los ojos.

—No he terminado de explicarlo, pero es que Pope se está quedando sin fuerzas. Necesitamos que salga alguien ya… —dije yo.

—Saldré yo, ese es mi hijo y, si pasara algo, yo moriría por él. Sé que es una cosa nunca vista, pero hay que hacerlo —dijo el rey con sabiduría.

Nosotros nos quedamos flipando. ¡Es una locura! Pensaba que el rey era alguien que no era muy amable, pero mírale, se ha puesto en medio de la pista con su capa roja y…

—Papaaaa… —dijo Jose llorando.

—Voy contigo, mi hermano es muchísimo para mí —dijo Jose.

—No, hijo… Este es un problema muy serio, para algo soy padre, he de afrontarme a los problemas de mis hijos —repitió el rey.

—¡No, papá! —dijo Jose.

Entonces todos (incluido Jose) fuimos a rescatar a Pope junto al rey. Nos metimos dentro e intentamos llamar al toro con la capa del rey. Nuestro plan funcionaba a la per-

fección porque el toro vino corriendo hacia nosotros. El rey cogió a Pope de los brazos y se lo llevó detrás de las vallas de piedra. Pope le dio un abrazo muy, muy fuerte mientras nosotros volvíamos corriendo (porque el toro casi nos pilla). Jose, Pope y el rey lloraban mientras se abrazaban fuerte.

—Hijo… Menos mal que estás bien, no sabes todo lo que he sufrido mientras te veía, que por cierto esquivabas muy bien al toro, hijo —dijo el rey.

—Papá… gracias por rescatarme —le dijo Pope a su padre—. Y a vosotros también, chicos, sois los mejores, os habéis metido ahí dentro, que podríais haber tenido grandes y fuertes heridas. Gracias de corazón.

Nos agradeció Pope.

—No hay de qué, nosotros también lo hemos pasado fatal —respondió Dani.

—Em… ¿Seguís queriendo ver el espectáculo? —dije yo.

—No, suficiente por hoy. Aunque me siguen gustando los toros —respondió Pope asustado.

—Voy a cancelarlo —dijo el rey.

El rey subió al altar y gritó con todas sus fuerzas…

—Señoras y señores, la actuación de el Barrio del Toro ha finalizado —siguió el rey.

—¡Oh, vaya! —abucheó el público.

Todos sonreímos y nos fuimos.

—Chicos, ¿os apetece venir a comer algo? —nos dijo el rey.

—¡Claro! —dijimos todos.

Entonces el rey le dijo a la gente de la calle que necesitaba un carruaje con caballos para llevarnos a todos.

—Escuche, no necesitamos carruaje, podemos ir andando, no cuesta tanto —dijo Claudia.

—Eso, eso —dijimos los demás.

—No, yo necesito mi carruaje, mis torres están demasiado lejos —añadió el rey.

—Nosotros iremos andando —dijo Eva.

—Vale, venga, voy con vosotros, no sea que os perdáis —se desilusionó el rey.

Después de un largo trayecto llegamos al castillo del rey, era preciosísimo, uno de los castillos de piedra más originales que había visto. Era gigantesco, pero además de eso tenía mogollón de sirvientes que le traían la comida, la bebida…

—A ver, tú… —le dijo el rey a uno de los sirvientes.

—¿Quién… yo? Decidme, mi señor —respondió uno de los sirvientes.

—Quiero que tú y tus compañeros les traigáis asientos a estos invitados muy especiales para que estén cómodos. Recuerden que el asiento debe de ser de lana —dijo el rey, demasiado quisquilloso.

—Enseguida, señor —respondieron unos cuantos sirvientes.

—Y rapidito, que no tengo todo el día —volvió a decir el rey.

—¿Todos los reyes serían así de mandones en esta época? —le pregunté a Eva y Claudia en voz baja.

—Pues… —dijo Eva.

—Parece ser que sí —respondió Claudia.

Poco después, los sirvientes del rey nos trajeron unas sillas realmente cómodas y de lana verdadera, y no tardamos mucho en sentarnos. Me podría quedar ahí sentada y relajada todo el día, después de todo lo que hemos pasado.

—Hola, por favor, ¿podría traernos algo para comer? —le dijo Pope a uno de los sirvientes educadamente.

—Claro que sí, enseguida voy —respondió el sirviente.

Nos pusieron un plato de gelatina casera sin sabor que, de hecho, yo no sabía que existía en esta época y unas especias que no se suelen consumir solas. En un plato nos pusieron bolitas de pimienta negra y canela. Es muy extraño, la verdad, por eso he pensado en preguntarle al rey por qué ponen pimienta negra y canela y si les gustaba.

—Perdone, ¿por qué tienen un plato con simples especias? —le dije al rey.

—¿¡Simple!? ¡Esto es exquisitamente caro! Solo lo tienen las personas de clase alta como yo. La verdad es que no tiene muy buen sabor, pero… —dijo el rey justo antes de que yo le cortase las palabras.

—Esto en la actualidad no se come así. La pimienta se puede comer con… por ejemplo… con verduras cocidas o, por ejemplo, con pescado, y la canela se puede condimentar por arriba en las tartas o para infusiones —le respondí al rey.

—Vaya, me has dejado asombrado, luego me enseñas a hacer una de esas tratas o tartas, bueno… como se llamen —se entusiasmó el rey.

—Por supuesto, le enseñaremos a hacer un tarta, ¿a que sí, chicos? —dije yo contenta.

Así que fuimos a la antigua y lujosa cocina del rey y empezamos preparando un…

—Yo quiero preparar tarta —dijo Dani.

—Yo prefiero algo salado… —exclamó Claudia.

—Yo quiero gelatina, pero con sabor a arándanos —respondió Eva.

—Tendremos que hacer algo con lo que tengamos aquí, bueno… en esta época. Si queréis hacer tarta necesitaremos… —dije yo hasta que Dani me cortó las palabras.

—Leche, un huevo, harina de trigo, azúcar y frutas.

—Nada más —me extrañé yo.

—Fuego —dijo Eva.

—¿Fuego, para qué? —dijo Dani.

—¡Para hacer la tarta! —dijimos todas.

—¡Anda, es verdad! —respondió Dani.

Así que fuimos todos corriendo a preguntarle al rey si tenía todos estos ingredientes. Dudo que haya harina, pero puede ser, y si no la haremos nosotros, pero también necesitaremos frutas… ¿Qué tipo de frutas querrá Dani?

—Oiga, don Sergio… —dijo Claudia.

—Papaaa… —dijo Jose.

—A ver, ¿qué queréis? —nos respondió el rey.

—Tiene: harina, leche, azúcar y algo de frutas. ¿Eh? —preguntó Eva.

—Por supuesto, en el campo hay de todo eso, venga, daos un paseíto e id a buscarlo, que estoy yo aquí muy cómodo, no me molestéis —respondió el rey de mala gana.

—Ala, ¿en serio tenemos que ir al campo a por solo eso? Nos tiraremos un día entero… —pensé yo.

—No seáis exagerados, moveros un poco que no habéis hecho nada en todo el día —respondió el rey.

¿Cómo? Ha dicho que no hemos hecho nada en todo el día, este rey está flipando, dios mío.

—Pues nada, vamos —dije yo mientras salíamos por la puerta disgustados hasta que escuchamos una voz que parecía venir del fondo del salón.

—Psss… Oye… ¡Aquí! —decía la voz.

—¿Eh, qué ha sido eso? —me extrañé yo.

—Venid… —volvió a decir esa voz.

Jose se acercó y vio que un sirviente del rey los llamaba. Jose nos dijo que fuéramos para ver qué era lo que ocurría.

—¿Qué era lo que buscabais? —nos dijo el sirviente en voz bajita para que el rey no le escuchara.

—Em… harina, leche, huevos y frutas —dijo Dani extrañado.

El sirviente nos abrió una puerta (que parecía que pesaba mucho) y entramos dentro. Cuando vi lo que había dentro, no me lo podía creer; ese tipo de despensa estaba llena de harina, huevos, fruta de todo tipo y azúcar…

—¡¿Cómo es posible que haya un rey tan tacaño que ni esto nos quiera dar!? —dijo Claudia, mosqueada.

—No le digáis nada al rey, ¿eh? —dijo el sirviente antes de mirar a Pope y Jose—. Anda… Los hijos del rey, mil disculpas…

—No se preocupe, somos muy, muy, pero que muy diferentes a nuestro padre. No hace falta que se disculpe, no le diremos nada —respondió Pope.

—Eso, eso —añadió Jose.

—Bueno, he de irme, tengo que hacer muchas cosas, ¡adiós! —se despidió el sirviente.

—¡¡¡Adiós!!! —grité yo mientras se alejaba.

—Pues nada, chicos, manos a la obra —dijo Eva.

—¡Sí! —respondimos todos a la vez.

Así que cogimos la harina en un saco, el huevo, el azúcar y la leche en un tarro y fuimos directamente hacia la cocina del palacio.

—Vale, ¿alguien tiene la receta guardada en el móvil o algo? —dijo Claudia.

—Pero si aquí no hay cobertura ni wifi ni tampoco… —dijo Eva hasta que yo le corté las palabras.

—¡Aquí están! La tengo guardada en galería.

—Anda, pues genial —exclamó Claudia.

—A ver, aquí pone…

Mezclar el azúcar y los huevos.

—Echar la fruta triturada junto al azúcar y los huevos.

—Y por último añadir la harina. ¿No es tan complicado, verdad? —dije yo mientras me daba la vuelta.

—Pues… no, ¿pero cómo la vamos a hornear? —preguntó Dani.

—¿Hornear, eso qué es? —se extrañaron Jose y Pope.

—Dani, en esta época no hay hornos, sería hacerla con fuego —respondió Eva.

—Claro… —añadió Claudia.

Ahora sí que sí nos pusimos manos a la obra. En el primer intento, la verdad es que nos salió bastante, bastante mal porque no hicimos los pasos bien. Jose y Pope se equivocaron y pusieron la leche en la harina y no la harina en la leche (sí, sí, habéis escuchado bien, metieron la leche que habíamos preparado en un bol en el saco de harina, estos chicos no tienen remedio).

—Lo sentimos, es que nunca habíamos hecho una trata… —dijeron los dos hermanos a la vez mientras Claudia les gritaba por detrás…

—¡¡¡Que se dice TARTA!!!

—Ah, sí, es verdad —asintieron Pope y Jose.

En el segundo intento no se volvieron a equivocar (menos mal) y nos salió la tarta perfectamente hasta que… ¡¡¡PUM!!!

—¡¿Qué ha pasado?! —gritó Eva.

En cuanto escuché el grito de Eva, me di la vuelta y fui corriendo a ver lo que pasaba y… se les había caído justamente a los dos hermanos (Pope y Jose) la tarta al suelo, como no, es que no podía ser otra persona, justamente ellos.

—Dios mío, os voy a matar —se enfadó Claudia.

—No se os puede dejar ni un momentito solos, ¿eh? —añadí yo.

—Pero es que… nosotros solo estábamos llevando la tarta a fuego y me he tropezado con una piedra y me he caído, pero no era mi intención. ¡Lo juro! —nos suplicaba llorando Jose.

—Oye, que no pasa nada. ¡Vamos a volverla a hacer! —respondió Dani.

Así que nada, otra vez la misma historieta: hacer la tarta, sale bien y… el momento más esperado (espero que no vuelva a pasar). Esta vez le tocaba a Dani llevar la tarta. Esta vez, como se le caiga, verá. Menos mal que la tarta pudo llegar sana y salva hasta donde estaba el fuego. La pusimos en su sitio y a esperar una horita. Mientras esperábamos, no sabíamos qué hacer y Jose dijo…

—¿Queréis que vayamos a buscar un TESORO, eh? Seguro que está chulísimo.

—Y… ¿Marta no estará preocupada? —pensó Eva.

—Puede ser… pero no creo —respondió Dani.

—Y ese tesoro que dices, ¿dónde está? —preguntó Claudia.

—En las ruinas del viento, no muy lejos de aquí —respondió Jose.

—A ver, a ver, no sé yo si fiarme de vosotros… —añadí yo.

—Que sí, que no pasa nada, en serio —dijo Pope.

—Bueno, pues vale —añadí yo.

—Pero hay que volver antes de una hora.

—Claro que sí —añadieron los dos hermanos.

Así que fuimos rumbo a las ruinas del viento. No sabíamos de qué se trataba esto, así que simplemente estuvimos caminando unos quince minutos hasta las ruinas del viento y cuando llegamos allí, todo estaba lleno de niebla y ruinas, que por cierto, aquí va mi pregunta: ¿desde cuándo están esas ruinas aquí? (Porque ya estamos en una época bastante atrasada).

—¡Wow! —exclamamos todos a la vez.

—Sí, estas son las ruinas del viento, están chulas, ¿eh? —nos informó Jose.

—Una pregunta —dije yo.

—Dime —dijeron los dos hermanos a la vez.

—¿Por qué se llaman las ruinas del viento? —pregunté yo.

—Porque eran unos castillos tan, tan antiguos, básicamente de nuestros antepasados, que los derrumbó el viento —respondió Pope.

—¿¡Cómo!? —exclamamos todos mientras nos sentábamos en el suelo haciendo un corro.

—Veréis, cuenta la leyenda que hace muchos, muchos años… —Jose se quedó en blanco—. Em… sigue tú, Pope.

—Ays, este hermano mío… Hace muchos años —dijo Pope hasta que Eva le cortó.

—¿Cuánto tiempo exactamente?

—¡Qué más da! Bueno, sigo, el rey Gregorio vivía en uno de estos castillos que podéis ver derrumbados. Nada más sus cuatro mil quinientos sesenta y dos sirvientes lo acababan de construir y un día de esa semana hubo una fuerte oleada de viento que no se ha vuelto a ver en la historia de Roma, que pudo derrumbar el castillo y la aldea sin piedad. Dicen que fue un espíritu que no los quería en el pueblo e intentó llevárselos a todos… —redactó Pope.

—Qué historia más rara… No sé si la he entendido bien, y por qué está todo esto lleno de niebla —dije yo.

—Porque dicen que siguen habiendo almas y el fantasma está vivo, ja, ja —dijo Pope intentando dar miedo.

—Venga ya, Pope —dijo Dani.

—Oye, ¿qué es ese ruido…? ¡¡¡Cuidado!!! —dijo Dani hasta que quitó a Pope del medio porque…

—¿Estás bien, Pope? —le dijo Jose a su hermano.

—¡¿Pero qué es esto, una piedra ha caído de la nada?! —me extrañé yo.

—¡Oh no! —gritaron los dos hermanos sin ninguna razón.

—¿Qué pasa? —preguntó Claudia mientras empezaba a hacer mucho viento, tanto que hasta se nos levantaban los pies del suelo.

—¡¡¡Nos han escuchado!!! —exclamaron asustados Pope y Jose.

—No estoy entendiendo nada de nada, ¿estáis locos? —dijo Eva mientras escuchábamos una extraña voz grave y fuerte.

—¿QUIÉNES SOIS Y QUÉ HACÉIS EN MI CASA?

—¡¿Pero de dónde leches viene esa voz?! —dijo Eva.

—De donde quieras mirar, no es nadie, es un FAN-TASMA —respondió Jose mientras volábamos en el aire.

—¡¿Cómo que este sitio no tiene peligros, esto tiene muchísimos más peligros que otra cosa?! —exclamé yo.

—DECIDME… ¿QUIÉN OS HA MANDADO A VENIR A MI CASA?

—Nadie, nadie, nunca más volveremos a hablar mal de usted, pero por favor suéltenos, señor —dijo Pope mientras el aire empezaba a disminuir poco a poco.

—Lo hemos conseguido, ahora… ¡CORRER! —gritó Pope.

—Sí, si no se nos quemará la tarta —exclamé mientras corríamos. No tardamos nada más que cinco minutos en llegar a palacio, pero...

—Ejem... ¿Dónde estabais? —nos dijo el rey.

—Re... recogiendo los ingredientes, claro, ¿qué estaríamos haciendo si no? —intentaba mentir Jose.

—Ya, ya... ¿Y dónde están? —preguntó el rey sin creerse lo que le dijo su hijo.

—Ha sido una larga historia —dije yo.

—Sí, sí, una larga historia —me repitió Dani.

Esquivamos al rey y fuimos a ver cómo estaba la tarta y...

—¡Ala, qué buena pinta, qué ganas de probarla! —dije yo.

—Anda, sí —exclamó Jose.

—No sé qué es, pero... ¡huele que alimenta! —dijo Pope.

—Vamos a probarla, ¿no? —preguntó Claudia.

—¡Pues claro! Vamos a cortarla en pedazos —dije yo.

—Pero antes ¡vamos a decorarla un poco! —dijo Dani.

Entonces entre todos decoramos la tarta. Con la leche y el azúcar hicimos nata y se la pusimos por arriba con fresas y arándanos. Después, cortamos la tarta por la mitad en tres partes e hicimos el mismo proceso, pusimos nata y rellenamos con fresas. Nos quedó tan bonita que daba pena comérsela. La cortamos en diez porciones: una para Dani, otra para Pope, otra para Jose, otra para Eva, otra para Claudia, y otra para mí, y las porciones que nos sobran se las guardaremos al rey, a Marta y a Artemisa.

—¡ESTÁ BUENÍSIMA, ES LO MEJOR QUE HE PROBADO EN MI VIDA! —gritó Pope emocionado.

—Sí, nos ha salido buena, pero no es para tanto, ¿no? —dijo Eva.

—¿¡Cómo que no?! Está súper bueno, me guardaré la receta —dijo Pope.

—¿Podemos repetir? —dijeron los dos hermanos a la vez.

—Em… Claro… —dije yo, asustada por lo rápido que se comieron la tarta.

—Ainhoa, madre mía lo que comen estos chiquillos —me dijo Claudia en voz baja.

—Sí, sí —le respondí yo.

—Pero, chicos, compartid una sola porción, las otras son para vuestro padre, Marta y Artemisa —dijo Dani.

—Vaaale… —contestaron disgustados Jose y Pope.

—Ayy, chicos, por fin os he encontrado, pensaba que os habíais perdido, venga, vámonos —dijo Marta mientras aparecía de la nada con Artemisa.

—¡Marta, qué susto! —dijo Eva.

—¡¡¡Lleváis un montón de rato fuera!!! ¿Qué habéis estado haciendo? —preguntó Artemisa.

—Pues… —dije yo.

—Nada en especial —exclamó Jose mientras me cortaba las palabras.

—Bueno… hemos hecho una tarta y… nada más —dijo Claudia.

—Sí, sí, nada más —mintió Dani.

—Y eso que llamáis tarta, ¿qué es? —preguntó Artemisa sin tener ni idea.

—Es un postre por así decirlo, ¿quieres probarlo? —dijo Eva.

—Vale, la verdad es que tengo un poco de hambre —respondió Artemisa mientras alargaba el brazo para coger la porción de tarta.

—Dios mío, esto está buenísimo —exclamó Artemisa con la boca llena.

—¿Yo también puedo probarla? —preguntó Marta con curiosidad.

—Pues claro, también te hemos guardado una —dije yo mientras Marta cogía la porción de tarta.

—¡Pues hay que decirlo, os ha salido PERFECTA! Ya me pasaréis la receta —exclamó Marta emocionada.

—Eso está hecho —dijo Claudia.

—Ahora sí, ya va siendo hora de irnos, llevamos mucho tiempo fuera, lo que no sé es cuándo se cerrará el portal por el cual hemos entrado —dijo Marta.

—¡Ahí va el portal! —exclamamos Dani, Eva, Claudia y yo.

—¿El portal, qué portal? —preguntaron los dos hermanos.

—Pues el portal por el cual hemos venido a este siglo —respondió Dani.

—¿Puedo ir con vosotros? Me encantaría ver la futura Roma, quiero ver si está mi castillo —preguntó Artemisa.

—Ay, y nosotros… porfi, porfi… —dijeron los dos hermanos nada más escuchar a Artemisa.

—Em… es que… Vale, pero os tenéis que vestir como nosotros —dijo Marta.

—¡Bien! —exclamamos todos a la vez.

—Pero no más de dos horas, ¿os queda claro? —dijo Marta con Artemisa a su lado.

—Tú tranquila, Marta, no te preocupes —dijo Eva.

—Lo primero, tenemos que ir a donde estaban haciendo la pelea de gladiadores antes, o sea, al Coliseo, ¿os acordáis? —nos preguntó Marta a Dani, a Eva, a Claudia y a mí.

—Sí, nos acordamos —dijimos.

—Digo yo que ya habrá terminado, ¿no? —dijo Eva.

—Sí, supongo, y si no, nos colamos —respondió Marta.

—Vale, pues subiros a mi caballo y vamos —dijo Artemisa sin pensárselo.

Pasamos por el mismo recorrido por el que pasamos antes: las extrañas calles, la amiga de Artemisa (Atenea) hasta que llegamos al gran Coliseo.

—¿Veis? Ya no están —dijo Marta señalando el Coliseo.

—¿DÓNDE ESTAMOS? —dije yo.

—¡¿ESTO NO ES ROMA?! —dijo Marta.

—AAAAAH —gritó Dani.

De repente y sin ninguna razón aparecimos en la Roma de la ÉPOCA DE LOS DINOSAURIOS, había plantas por todas partes, casi ni se podía caminar, esto es increíble, no me lo creo ni yo.

—Ahí va…

Todos nos quedamos en *shock*, vimos a un dinosaurio REAL, sin filtros, eh.

—¡¡¡Escondeos!!! Si nos ve nadie sabe lo que podría pasar, igual se nos zampa de un bocado o quizás se hace amigo nuestro —dijo Jose exagerando las cosas.

—Venga ya, Jose, no seas 'exagerado… Bueno, o quizás sí… ¡¡¡CORRED!!! —dije yo hasta que… EL DINOSAURIO NOS ESTÁ PERSIGUIENDO, qué mal, qué mal, a dónde hemos ido a parar, pero lo malo es que la selva (o lo que sea donde hemos ido a parar) es casi completamente igual, y pensaréis: ¿Y qué tiene eso de malo, Ainhoa? ¡¡¡Pues que cuando queramos volver no podremos!!!

—Estamos perdidos, completamente perdidos… —dijo Pope.

—No, Pope, somos un equipo, no estamos perdidos, seguimos todos juntos, pero… ¡Para qué digo nada! ¡¿DÓNDE ESTÁ DANIIIIII?! —dijo Claudia.

No puede ser, la cosa no puede ir a peor. AL FINAL VA A SER CIERTO QUE LE TENEMOS QUE PONER UNA CORREA, ¿EH? Bueno, chicos, voy a tranquilizarme un poco, esperad… No puedo tranquilizarme, estamos en las mismas que siempre, hemos perdido a nuestro mejor amigo (por milésima vez) y estamos en un tipo de safari que en realidad es Roma. Todo esto es un lío, puede que ni siquiera me estéis entendiendo, pero es que Dani está en apuros más que ninguna vez, ahora no está perdido en París, está perdido en una selva gigante con animales desconocidos y peligrosos. Y Marta en lo único que está pensando es que le van a echar del trabajo como guía,

pero eso no pasará, porque nadie sabrá esta locura, bueno, excepto nosotros.

—Tenemos que intentar localizar a Dani, por cierto, ¿qué dinosaurio nos estaba persiguiendo? —dijo Jose.

—Un tricerátops, es herbívoro, ¿para qué lo quieres saber? —dijo Eva.

—Ufff, menos mal que es herbívoro, puede habernos confundido con sus crías —dijo Pope.

—Puede ser, vamos a mirar —dije yo mientras caminábamos por esas hierbas altas y anchas.

—Daniiiiiiiii, Daniiiiiiiii, si estás ahí responde —decíamos todos para ver si nos escuchaba.

—AAAAAAH —decía la voz.

—¿Qué ha sido eso? ¿Quién o qué ha dicho eso? —preguntó Artemisa.

—AAAAAAAH —se volvió a escuchar la voz.

—¡Es Dani! —dijimos todos a la vez.

—¿De qué dirección viene la voz? —pregunté yo.

—Yo la escucho por la izquierda —dijo Eva.

—Y yo, y yo, yo también —dijeron los demás.

—¡Pues vamos! —dije yo mientras todos corríamos hacia la izquierda de la selva hasta que…

—¡DIOS MÍO! —dijeron Pope y Jose mientras Dani nos saludaba desde la cabeza de aquel dinosaurio con el cuello alto.

—¡¡¡Holaaaaaaaaaaaaaa, chicoooooooos!!! —gritaba Dani.

—¿Cómo te has subido ahí arriba? —preguntó Eva.

—Este dinosaurio es muy majete —dijo Dani.

—¿Pero qué…? —se quedó pensando Artemisa.

—¡Qué cosas más raras están pasando hoy! —exclamó Marta.

—Daniiiii, dile que te baje, ayy ya verás como te coma —grité yo para que me escuchara.

—Valeee —respondió mientras el dinosaurio bajaba el cuello hasta abajo, permitiendo que Dani bajara y se reuniera con nosotros.

—Hola, chicos, ¿sabéis que...? —decía Dani hasta que Jose le cortó las palabras.

—¿Cómo estás? ¿Estás bien? ¿Te ha hecho daño ese monstruo?

—Pero qué dices, chico, estoy mejor que nunca —respondió Dani.

—Bueno, ¿qué, nos vamos? —preguntó Dani tranquilo.

—No corras. ¿Cómo te has hecho 'amigo' de ese dinosaurio? —dijo Artemisa mientras todos caminábamos hacia delante intentando encontrar la salida.

—Pues... Os perdí de vista, y me encontré con un dinosaurio, al principio tenía mucho miedo porque yo pensaba que me iba a comer o hacer algo malo, pero me olió y me hizo la señal para que me subiera a su cuello, yo me subí aunque con mucho miedo y me enseñó el paisaje y... —dijo Dani hasta que Marta le cortó las palabras.

—¿¡Viste algo desde allí arriba?! Por favor, dime que sí —preguntó Marta entusiasmada.

—A ver, eso iba a decir ahora, pero no os pongáis nerviosos, eh. Me pareció ver la salida, el portal —dijo Dani.

—Ayyy, muy bien, Dani, eso quería, de una vez por todas has estado atento —respondió Marta mientras felicitaba a Dani.

—Oye, que siempre intento estar atento, aunque a veces me distraigo —se mosqueó Dani.

—Bueno, Dani, dejémonos de tonterías, llévanos hacia el portal —dijo Artemisa.

—Vale, pero con cuidado —respondió Dani.

—Sí, sí —respondimos todos a la vez.

—Vale, ahora… giramos a la izquierda, pasamos por estos árboles y también… —dijo Dani.

—A ver, Dani, llevamos media hora dando vueltas, ¿dónde nos estás llevando, estás seguro de que te sabes el camino? —le dijo Marta a Dani.

—Claro que sí, estamos enseguida —respondió Dani.

—A ver si es verdad —dijo Eva dudando de Dani.

—Vale, ahora rodeamos estos árboles, hacemos el zigzag y… ¡Ya estamos! Dudabais de mí, ¿eh? —dijo Dani chuleándose.

—Em… ahora debemos comprobar que el portal siga aquí —dijo Artemisa.

—¿A qué te refieres? —pregunté yo.

—Me refiero a que puede ser que haya pasado un dinosaurio justo donde estaba el portal y se lo haya llevado a otra época —explicó Artemisa.

—Entiendo, pero espero que no —dije yo.

—Saquemos de dudas, vamos a buscarlo —dijo Marta mientras todos, un poco nerviosos, con ganas de salir de

esta época y querer volver a la nuestra, buscábamos el portal entusiasmados.

—¡¡¡Aquí está!!! —dijo Dani.

—¡Bien! —dijimos todos.

—Vaya, Dani, hoy estás que te sales —dijo Claudia.

—Venga, rápido, meteros —dijo Dani.

—Espera, Morti está allí, ¡¡¡Mortiii, ven!!! —dijo Marta—. ¡Mortiiiiiii!

—¡Martaaaa, rápido, se cierra el portal! —dijo Jose mientras Marta venía corriendo con su gato y se metieron en el portal.

—Uf… por poco —dijo Marta jadeando.

—Morti, te has portado muy mal —le dijo Pope al gato.

—Miau… —dijo el gato tímidamente.

—Venga, vamos a ver si ahora sí que sí podemos volver a nuestra época —dijo Marta mientras toqueteaba los botones.

—¡Allá vamos! —dijimos todos hasta que aparecimos en… LA ROMA NORMAL

—Bien, por fin estamos en nuestra época, el aire no es tan puro, pero bueno… —añadió Eva.

—Vale, esto va en serio, solo vais a ver un trozo de esta Roma y os marcháis. ¿Queda claro? —les dijo Marta a los gemelos.

—Sí, sí —dijeron Jose y Pope.

—Claro —respondió Artemisa.

—¿Qué os gustaría visitar? Ahora sí que soy la guía, ja, ja —dijo Marta contenta.

—Pues… a mí me gustaría ver cómo está el Coliseo —dijo Jose.

—Lo tenemos aquí al lado —respondió Marta mientras nos dirigía hacia allí.

—¡Oh, Dios mío! Nuestro precioso Coliseo ha quedado totalmente estropeado. Me lo imaginaba algo mejor —añadió Pope un poco triste.

—Vaya que sí… A mí me gustaría ver si sigue el castillo del rey Sergio —dijo Artemisa.

—¿Nuestro padre? —preguntaron los dos hermanos.

—¡Por supuesto! —respondió Artemisa.

—Veamos… —añadió Marta mientras seguía hacia delante hasta que nos llevó a unas ruinas bastante arruinadas.

—No me digas que es esto, ¿verdad? —dijeron Pope, Jose y Artemisa.

—Em… sí —admitió Marta.

—¿¡Cómo, pero qué pasó!? —preguntó Pope.

—No sé si sería buena idea, pero… —respondió Marta indecisa.

—Va, por favor, Marta, tengo muchísima curiosidad por saber lo que pasó —dijo Jose.

—Es que… esto podría afectar vuestro futuro y… —reflexionó Marta.

—Porfiiii —dijeron los dos hermanos con carita de perrito abandonado.

A Marta le costó bastante admitir, pero no fue muy buena idea…

—Ays, está bien, pero ni se os ocurra decirle nada a vuestro padre, ¿eh? —dijo Marta.

—Que sí, que sí, tú cuéntanos la historia —dijeron los dos hermanos despistados.

—PERO NI UNA SOLA PALABRA. ¿Me lo prometéis? —repitió Marta nerviosa.

—Va… vale, lo prometemos —respondieron los dos hermanos asustados.

—En fin… Cuenta la leyenda que aquí, en este castillo en el cual vivíais vosotros, un gran monstruo, le llamaban el monstruo de las alturas, porque solían decir que no venía de ninguna parte y apareció así sin más. Quería acabar con vosotros… —redactó Marta hasta que Jose le cortó…

—¿¡Qué!? —Se asustó Jose.

—Dejadme que siga y lo entenderéis; en fin, esa persona, que le llaman el «Monstruo del Sin Nombre», derrumbó el castillo en el que vivís vosotros… —siguió redactando Marta hasta que…

—¡Ay, no! Mi pobre casa… —lloriqueaba Pope.

—Oye, dejadme terminar, por favor; eso es, derrumbó el castillo con su arma. «El monstruo», todavía siguen sin saber en qué época está «el monstruo del sin nombre», hay que tener en cuenta que viene de una época mucho más lejana a la nuestra, quién sabe, puede que esta persona venga del año tres mil quinientos setenta y dos o cuatro mil doscientos doce —dijo Marta.

—Pero… yo no entiendo nada de esto. ¿Cómo es que un chaval pueda viajar de año en año? ¡Si eso es imposible! —dudó Dani por unos segundos.

—Pero Dani… Por favor, aquí, nada es imposible, si no, ¿cómo es que nosotros viajamos de época en época?

Pues ese chaval que tú dices también podrá hacer lo mismo que nosotros, probablemente también haya encontrado este portal y lo haya utilizado. No sé si me explico… ¿Pero no es así, Marta? —contestó Claudia.

—Sí, exacto… Pero lo que no os he dicho es que todo esto no es más que una leyenda, puede que haya sucedido o puede que no. ¿Entendéis? —rectificó y aclaró Marta.

—O sea que puede que sí que pase y también puede que no pase, madre mía —dijo Dani.

—¡¡¡Qué mal!!! ¿Y si pasa? —dije yo hasta que a Eva se le ocurrió una grandiosa idea, a la vez una locura—. Y si… impedimos que esto pase, podemos comprobar a ver si pasa o no.

—¡¡¡Si hicierais eso seríais los mejores del mundo, unos héroes, mis mejores amigos y todo. OS QUERRÍA CON TODA MI ALMA!!! Marta, por favor, dime que sí se puede hacer —nos halagó Jose.

—Por probar épocas, no perdemos nada —respondió Artemisa.

—Es que… —dudaba Marta.

—Ojalá se pudiera hacer algo, Marta, una última cosa, de verdad te la pido, quiero saber si al final esa persona. ¿Acabó con nosotros de verdad? —dijo Pope súper nervioso.

—Esto sí que no creo que sería buena idea de… —dijo Marta totalmente sin saber qué responder.

—Marta, por favor, lo necesitamos saber —respondieron los dos hermanos.

—Sí… acabó con vosotros —dijo Marta en voz muy bajita.

—Noooooooooooooooooooooooooo —lloraban los dos hermanos.

—Pero que ya os he dicho que no es más que una LE-YENDA, chicos, lo más probable es que no pase —dijo Marta sin pensar en los hermanos.

—Marta, por favor, ¿y si pasara? Tenemos que ir a parar esto. ¿Es que acaso no te importa lo que les pueda pasar? Nos han dado muchas cosas, son muy amables, desde el primer momento fueron majos. ¡¡Qué te pasa!? —dije muy enfadada, tanto que me salía fuego por la boca (bueno, en realidad fuego no).

—No sé, es que… no es por eso y… ¿Y si luego no podemos volver? Solo os importan esos chicos, si yo no hubiera dicho nada, esto no habría pasado —respondió Marta preocupada y a la vez tan enfadada como yo.

—Con que esas tenemos, ¿eh? Pues nos iremos nosotros solos y tú perderás tu trabajo, por dejarnos solos. ¡Adiós! —dijo Dani mientras se metía en el pasadizo.

—Ay, Dios mío, Artemisa… no sé qué hacer… —le dijo Marta a Artemisa en voz baja.

—Vamos, esos chicos te lo agradecerán más tarde, cuando les hayamos salvado —respondió Artemisa.

—Vale, pero será la última vez que haré tantas locuras. ¡Juro que nunca más haré una locura como la de ahora! —dijo Marta.

—Vaa, Marta, que se cierra el portal, no te demores tanto —dijo Artemisa.

—Voy, voy —respondió Marta mientras cogía sus cosas y a su gato.

—¡¡¡AAAA!!! —gritamos todos cuando el portal empezó a dar vueltas como una lavadora.

—¡QUÉ MAREO, DIOS MÍO! —dijo Eva mientras nos adentrábamos en el portal y elegimos la época a voleo.

—¿Dónde hemos acabado? —pregunté yo mareadísima.

—En una… ¿¡GUERRA!? —se extrañó Marta.

—¡Oh, no! Me parece que aquí no es. ¡RÁPIDO, abrir el portal! —ordenó Artemisa.

—¡¡¡Subir!!! —decía Jose, cuando nos subimos todos ¡de vuelta a la lavadora! El portal daba vueltas y vueltas y más vueltas, elegimos la época mareados y sin mirar y al final…

—¿Dónde estamos? —preguntó Eva.

—Sí, es aquí —dijo Marta no muy emocionada y mareada.

—Más te vale guiarnos bien, eh —le dijeron los dos hermanos y Dani a Marta.

—¡Callaos! —les ordenó Marta enfadada. Marta nos llevaba por casi el mismo recorrido que antes y vimos a ese supuesto monstruo (que en realidad era un robot).

—¡Ala! Es muchísimo más grande de lo que pensaba —dijo Dani.

—Ya lo creo… —exclamé asombrada mirando hacia arriba.

—¡Dios mío, es enorme! —añadió Artemisa.

¿Qué hacemos? —preguntó Dani.

—Tenemos que pensar algo ya de ya, súper rápido, no sea que lleguemos demasiado tarde —dijo Pope totalmente nervioso.

—Vale, lo primero es tranquilizarnos, todo va a salir bien —respondió Marta intentando calmarlos.

—¡¡¡TÚ TE CREES QUE EN LA SITUACIÓN QUE ESTAMOS NOS PODEMOS CALMAR!!! —gritó Jose enfadado.

—Tranquilo, tranquilo. Que tampoco he dicho nada del otro mundo —dijo Marta intentando no enfadarse.

—A ver, lo primero tenemos que sacar a los supuestos Jose y Pope del castillo (incluido el rey también) —dije yo.

—¿Cómo que supuestos? Estamos aquí, o es que no nos ves —respondió Jose.

—No, a ver, me refiero a que tendremos que entrar todos en el castillo y cogeros a vosotros que en esta época tenéis veinte años. ¿Entendéis lo que intento decir? —les dije yo.

—No —respondieron Jose y Pope.

—Ays, Ainhoa se refiere a que estamos en esta época, ¿no? Y en esta época tenéis veinte años, así que tenemos que sacaros del castillo en esta época. ¿Entendéis? —les dijo Eva.

—Ah, vale, a ver si hemos entendido bien, ahora mismo tenemos trece años, pero dentro de siete años, que tendríamos veinte, ¿nos pasaría esto del robot? —preguntaron los dos hermanos.

—Exacto —afirmé yo.

—¡Pues a qué esperamos! Vamos dentro del castillo. Dijo Jose.

—Vamos, vamos, al castillo —repitió Pope mientras subíamos y subíamos las escaleras hasta que al fin llegamos

arriba del todo y nos encontramos con Sergio (el rey) de dentro de siete años.

—Hola, disculpe, por favor, nos conocimos hace siete años, ¿recuerda? —le dije al rey.

—Sí, sí… Un momento, estos dos chicos se parecen mucho a mis hijos —dijo el rey mientras observaba fijamente a Pope y Jose.

Señor, no hay tiempo de explicaciones, tiene que salir ya de su castillo. ¿Dónde están sus hijos? —preguntó Claudia.

—Oye, ¿y a ti qué más te da? —respondió el rey.

—Encima de que le intentamos salvar la vida, mira cómo se pone… —dijo Marta en voz baja sin que le escuchara el rey.

—Se lo voy a volver a repetir: ¡¡¡DÓNDE ESTÁN SUS HIJOS!!! —le dijo Claudia al rey.

—En el último cuarto a la derecha.

Respondió el rey tímidamente (como si Claudia fuera un dragón, ja, ja).

—¡Dani, Jose y Claudia, llevad al rey hasta la salida! Ainhoa, Pope, Eva y yo iremos a por los hijos del rey (Pope y Jose, pero con veinte años) —dijo Marta.

—Vale, nos vemos más tarde en el campo, ¿ok? —respondió Claudia.

—Vale, hasta luego dijo Marta mientras corríamos por los pasillos hasta el cuarto de los hermanos.

—¿Es aquí? —pregunté yo.

—Sí, vamos, entrad —respondió Pope mientras abría la puerta de un tirón.

—Pope, Jose, ¿sois vosotros? —preguntó Marta.

—Sí, somos nosotros, pero un momento… ¿quiénes sois y qué hacéis aquí? Por cierto, este niño me recuerda mucho a mí —dijo el Pope del futuro.

—¿Tú eres tonto? Es que tú eres yo —le dijo el Pope del presente al Pope del futuro.

—¿Me acabas de llamar tonto? ¿A qué te refieres con que soy tú?

Preguntó el Pope de veinte años.

—¡¡¡No hay tiempo de explicaciones, tenemos que salir ya, ya de aquí, si no el monstruo acabará con todos nosotros!!! —dijo Eva.

—¿Cómo, qué monstruo? —preguntó el Jose del futuro mientras salíamos corriendo de la habitación y bajábamos todas las escaleras. Justo cuando salimos por la puerta… El castillo se derrumbó, lo tiró ese robot y… ¡si hubiéramos tardado un segundo más, la torre se nos caería encima! —exclamó Pope del presente.

—¿Cómo sabíais que se iba a derrumbar la torre? —preguntó el Pope del futuro.

—Venimos del futuro —afirmó Eva.

—¿Cómo que del futuro? Pues yo sé que… —dijo el Jose del futuro hasta que la bestia (el robot) empezó a perseguirnos.

—¡CORRED! —gritó Marta.

—Tenemos que reunirnos con los demás —dije yo mientras corríamos lo más rápido posible.

—Chicos… Chicos… ¡ESTAMOS AQUÍ! —les dijimos mientras corríamos.

—¿Qué pasa, por qué corréis? —preguntó Claudia.

—Ejem...

Yo miré hacia la derecha, que era la dirección en la que estaba el robot.

—Chicos... corred —dijo Claudia mientras se unían con nosotros a correr (incluido el rey, hasta él tenía miedo).

—¡Al portal! —gritó Marta mientras nos señalaba el portal.

—¡Vamos! —gritó Jose mientras nos metíamos en el portal todos a la vez y apelotonados, parecía una madriguera de conejos.

—¿Estamos a salvo? —preguntó el rey apresurado.

—Pues... —dudaba Dani.

—Esperemos solo cinco minutos —ordenó Marta. Mientras en esos cinco minutos les explicamos al rey y a Jose y Pope de dentro de siete años por qué estamos aquí y qué ha pasado con sus cosas y todo eso.

—Os explicamos, hace siete años nos conocisteis, somos Pope, Jose, Eva, Ainhoa, Marta, Artemisa, Claudia, Dani y este gatito que se llama Morti. Lo cierto es que estábamos hablando de algo de vuestra historia, y salió el tema de que este robot gigante quería acabar con vuestras vidas, así que como hay un portal que te lleva a los sitios que quieras, le pedimos esta época para intentar salvaros y que no os pasará nada. ¿Entendéis? —les explicó Eva.

—Ajam, qué historia más rara, pero muchas, muchas, muchísimas gracias por preocuparos por nosotros, os de-

bemos la vida. ¿Ya podemos salir de este portal extraño? —dijo el rey.

—Venga, va, salid ya —dijo Marta.

—Sí, muchísimas gracias de verdad —dijeron los dos hermanos de veinte años mientras salían del portal.

—Bueno, ahora que los hemos salvado, podemos irnos —dijo Marta mientras se volvía a subir al portal.

—Se supone que ahora hemos cambiado la historia y ahora es como si no hubiera pasado nada, ¿no? —preguntó Eva.

—Sí, eso es —respondió Artemisa.

—Pero de verdad estamos completamente a salvo, no nos volverá a pasar, ¿no? —preguntó el rey.

—No lo sabemos… —dudaba Marta mientras yo dije.

—Si nos enteramos de algo, volveremos. ¿Vale? —dije yo.

—Trato hecho, confiamos en vosotros —dijeron los dos hermanos de veinte años mientras se marchaban.

—Ahora, veremos si la historia sigue igual o algo ha cambiado —dijo Marta.

—¡Ok! —dijimos todos mientras subíamos al portal para ir a nuestra época (espero que sea la última vez que me tenga que subir a este maldito portal porque… ¡MADRE MÍA, QUÉ MAREO! Nunca me había mareado tanto, es que da vueltas y vueltas…).

—Marta, ¿ha cambiado la historia? —preguntó Pope mareado.

—Em… Veamos… (Miró Marta en los libros de historia y en su libro de guía). ¡Sí! Ha cambiado —respondió Marta.

—¡Bien! —dijimos todos.

—Pues… y ahora… ¿qué hacemos? —pregunté yo.

—¿Y por qué no dormimos? Es muy tarde —dijo Claudia mientras bostezaba.

—¿Muy tarde? ¡Pero si solo son las 23:00! —exclamé yo, nada cansada.

—Es que no es tan tarde, pero yo tengo hambre y estoy agotado —dijo Dani.

—Y nosotros deberíamos irnos ya —dijeron Pope y Jose.

—¿Y por qué no os quedáis en nuestro hotel? Marta y Artemisa también pueden quedarse. Eso sí, si a las demás les parece buena idea —peguntó Dani.

—Es verdad, si queréis…, hay espacio de sobra —respondí yo.

—A mí la verdad es que me parece buena idea —dijo Eva.

—Y a mí. ¡Las habitaciones del hotel son como apartamentos gigantes! —exclamó Claudia.

—¿Dónde está vuestro hotel? —preguntó Marta.

—Es este, justo enfrente del Coliseo —dijo Eva.

—Anda, pues perfecto. ¿Quién se apunta? —preguntó Marta.

—¡Nosotros! —respondieron motivadísimos los dos hermanos mientras Artemisa se quedaba pensando.

—¿Y tú, Artemisa? —preguntó Marta.

—Es que… Yo he de proteger a los seres humanos y a seres vivos de toda clase… ese es mi trabajo como diosa. No sé qué podría pasar si no les protejo durante un día.

—Esa será tu decisión, ahí nosotros no podemos intervenir —dije yo.

—Ya, pero es que... bueno, está bien, me quedo, pero mañana antes de que salga el sol me iré —pensó Artemisa.

—Vale, pues perfecto —dijimos todos a la vez.

—Vamos a ir a cenar al hotel, seguidme —dijo Eva. Fuimos caminando hasta el hotel (que estaba al lado) y subimos a nuestra habitación. Jose, Pope y Artemisa nunca habían visto una habitación así, todas las casas, castillos... de su época están construidos por piedras grandes y pesadas y cuando entraron dentro de la habitación...

—Alaaa, increíble... —dijeron los dos hermanos y Artemisa, se quedaron alucinados. Claro, para nosotros esto es totalmente normal, pero para ellos no.

—¡¡Cómo es posible que hayan hecho esto?! No me lo imaginaba así —exclamó Artemisa.

—Es precioso... —dijo Jose.

—Bueno, ya vale, ¿no? Que ya lo habéis visto bastantes veces —les dijo Dani a Pope y Jose.

—¡Oh no! Solo tenemos pasta para cenar —dije yo mientras miraba en el cajón.

—Pues vamos a comprar —dijo Claudia.

—Pero si son las once de la noche, ¿qué supermercado va a estar abierto a estas horas? —respondió Eva.

—¿Pasta, y eso qué es? —preguntó Artemisa.

—Es como... es un tipo de comida, el origen viene de aquí —respondió Claudia.

—¡Nosotros queremos probar eso, y también queremos ayudar a hacerlo! —dijeron Pope y Jose.

—¿Aún no se creó la pasta en vuestra época? —preguntó Eva.

—La verdad es que no, no me suena nada. Pero me gustaría probarla —respondió Artemisa.

—Pues, en ese caso… ¿hacemos pasta, no? —preguntó Dani.

—Pues… ¿sí? —respondí yo dudando.

—Vale, pues vamos —dijeron Claudia y Eva a la vez.

—Yo coceré la pasta con Pope y Jose —dijo Dani.

—Y nosotras haremos la salsa de tomate y el queso con Artemisa. ¿Ok? —dijo Claudia.

—¡Ok! —respondimos todos.

—Pues vamos, manos a la obra —dije yo mientras picábamos la cebolla y partíamos los tomates para echarlos a cocer, y Dani, Pope y Jose cocían el agua (mientras Dani les decía los pasos) y echaron los macarrones a hervir. Y al cabo de un rato…

—¡Ya tenemos la pasta hecha! —dijeron los chicos.

—¡Y nosotras la salsa! —exclamamos nosotras. La verdad es que al final nos hemos apañado bien.

—¡Qué buena pinta! —dijo Artemisa.

—¡Sí! —respondieron los dos hermanos.

—A la mesa todo el mundo —dijo Claudia.

Nos sentamos y esperamos un poco a que se enfriara, excepto…

—¡Cuidado, que quema! —le dijo Dani a Pope justo cuando ya se había metido la primera cucharada en la boca.

—¡AAA! —exclamó Pope.

—Te lo he dicho, no seas impaciente, chiquillo —le dijo Dani a su amigo Pope.

—Jolín, ya me podías haber avisado antes, ¿eh? —dijo Pope.

—Ja, ja —nos reímos todos.

—Ahora ya no quema tanto, ya podéis comer —les dijo Eva.

—Vale, vale —respondió Jose.

—¡Esto está delicioso! —exclamó Artemisa.

La verdad es que no está nada mal.

Dijo Jose mientras se acababa el plato y lo lamía con la lengua.

—Ja, ja —nos reímos todos menos Jose con la boca llena.

—¿Qué pasa, hay algún problema? —dijo Jose mientras seguía lamiendo el plato.

—Yo ya he acabado —dijo Dani.

—Yo también —dijo Pope.

—Y yo… —respondió Artemisa.

Mientras todos nos levantamos para llevar el plato a la cocina.

—Tengo sueño… —dijo Claudia cansada.

—Sí, ¿por qué no vamos a dormir ya? —preguntó Jose.

—Sí, que yo me tengo que ir mañana antes de que salga el sol —respondió Artemisa.

—Vale, yo me quedo un rato viendo la tele —dijo Dani.

—Ok, pero acuérdate de fregar los platos —bromeé yo mientras me iba a dormir.

—Oye… ¿Por qué yo? Jo —exclamó Dani.

—Ja, ja —me reí yo.

—¡Buenas noches a todos, descansad! —exclamó Claudia mientras yo cerraba los ojos. Estaba agotadísima, casi más que nunca. Me dormí enseguida, y cuando me di cuenta…

—¡Buenos días! —exclamó Artemisa.

Había dormido tan bien que casi ni me podía mover, pero al final me levanté de un salto.

—Aún son las seis de la mañana, pero saldrá el sol enseguida —respondió Artemisa.

—¿Te tienes que ir ya? —preguntó Marta descontenta.

—Sí, Marta, pero he pasado muy buenos ratos contigo. Cuando queráis volver, allí estaré —respondió Artemisa disgustada.

—Vamos, Artemisa, o no llegarás —dijo Eva.

—Jose y Pope también tienen que venirse conmigo… —dijo Artemisa.

—¡¿Qué!? No —dijimos todos a la vez.

—Yo, a ver, lo siento, pero su padre… no sé en qué estará pensando. Tampoco quiero que el rey Sergio se enfade conmigo demasiado —respondió Artemisa mientras todos los demás nos quedamos sin palabras. Cuando Dani escuchó eso, se puso supertriste, pero hay razones: nos hemos hecho amigos de personas fantásticas de verdad, y ahora perderlos no estaría tan guay.

—Vamos, que llegaréis tarde —dijo Marta mientras salíamos por la puerta y Dani, Pope y Jose con algunas lágrimas en los ojos.

—Espera… ¿¡No nos hemos ni cambiado, seguimos con el pijama!? —exclamé yo.

—Ahí va, es verdad, solo que lo bueno es que a estas horas no hay casi gente por la calle —respondió Marta mientras caminábamos hasta el coliseo para teletransportar a Artemisa, Jose y Pope.

—Bueno, pues ya estamos aquí —dijo muy disgustado Dani.

—Sí —respondí yo también muy disgustada mientras Marta intentaba abrir el portal, pero parecía que Marta estaba tardando mucho. Por lo menos llevamos aquí diez minutos sin poder abrirlo, hasta ya se ha hecho de día.

—¿Por qué leches no se abre? —preguntaba Claudia mientras estábamos sentados en el suelo sin hacer nada.

—Y yo qué sé… pero al menos podríais ayudar aunque sea un poco, es que no encuentro la palanca y me vendría bien un poco de ayuda… ¿seguís ahí? —preguntaba Marta un poco enfadada.

—¿Eh? ¿Qué? Sí, sí, estamos aquí —dijo Jose despistado mientras yo me levantaba para intentar ayudar a Marta. Después, todos se levantaron y ayudaron a Marta a abrir el portal, pero…

—Aquí hay un problema… Esto no es normal —dijo Marta un poco preocupada.

—Ay… ¿Cuál es el problema? ¿Qué ocurre? —preguntaba Dani también un poco nervioso e hiperactivo.

—No será que… —pensé yo.

—Sí… —dijo Marta disgustada.

—¿Qué?… ¿Qué pasa, alguien nos lo explica? —dijeron los demás.

—¡Nos han cerrado el portal! —dijimos Marta y yo a la vez.

—¿Qué? No, no es posible —se extrañó Artemisa.

—¿Pero cómo nos van a cerrar el portal? —me preocupé yo.

—No me digas que esto significa que no podremos volver jamás de los jamases a nuestras casas… —exclamó Jose supernervioso.

—A ver, yo… espero que no… pero puede ser que… jamás podréis volver —dijo Marta.

—¡AAAAAAAAAAAAAAA! No es posible —gritaron los dos hermanos.

—¡Oh no! Y ahora, ¿qué haré yo…? —dijo Artemisa disgustada mientras se tiraba al suelo renegando.

Estamos metidos en un lío, los legítimos reyes (Pope y Jose) no podrán volver a su casa con su padre, y la diosa de la protección tampoco podrá volver. Esto es horrible, a nadie le gustaría quedarse para siempre sin sus padres, y menos si es en otra época.

—Puede que Sin Nombre, ese que quería haceros daño —dijo Marta mientras miraba a Pope y Jose—, puede que él prefiera que no volváis jamás…

—Entonces… ¿Cómo que la historia cambió? —preguntó Eva.

—Porque puede que vuelvan o… puede que no vuelvan nunca —respondió Marta.

—Si Artemisa, Pope y Jose no pueden volver ¡sería una catástrofe! ¿Qué harían sin ellos? —dijo Claudia.

—Seguro que hay una manera —añadió Eva decidida.

—¿Cuál? Y ¿cómo lo sabes? —preguntó Claudia mientras Eva la miraba de una manera extraña pero sin decir nada.

—¿Eva? ¿Hola? —le dije a Eva en la cara.

—Em... ¿Qué, qué pasa? —dijo Eva asustada.

—¿En qué pensabas? —preguntó Pope.

—¿Alguna novedad? —preguntó Jose.

—Siiiii, he pensado una nueva manera de poder llevaros —dijo Eva de una vez por todas muy emocionada.

—¿Cuál? —preguntaron los dos hermanos junto con Artemisa.

—Puede que podamos abrir un nuevo portal a base del otro —respondió Eva.

—¿Y cómo hacemos eso? —pregunté yo.

—Es que... es difícil de entender, no sé cómo explicarlo... Igual el Sin Nombre ha hecho como que ha cerrado el portal, pero realmente sigue ahí y con un poco de ayuda entre todos quizás lo podemos abrir y, por tanto, ir a la época de Artemisa. ¿Lo entendéis? —explicó Eva.

—Más o menos... —respondimos todos un poco dudosos.

—Si lo probamos, lo entenderéis mejor —nos dijo Eva mientras íbamos camino otra vez al portal. Cuando llegamos...

—¿Y ahora qué? —preguntó Jose.

—Ayudadme a abrir el portal, pesados —le respondió Eva a Jose y Pope.

—Ay, vale, vale, ya vamos —dijeron los dos hermanos mientras se dirigían a ayudar a Eva.

—Tenéis que estirar de esta parte; Ainhoa, Dani, Artemisa y yo estiraremos de esta, venga chicos, con todas vuestras fuerzas —nos animó Eva mientras estirábamos «la nada» (digo la nada porque básicamente no estamos estirando nada, solo el aire).

—Eva, ¿qué estamos haciendo? Pero si no estamos estirando nada —dijo Claudia algo estresada.

—Shh… Calla, o no se abrirá —le dijo Eva a Claudia.

La verdad es que no sé qué está pasando, Eva está muy rara y no sé cuándo ha aprendido a abrir portales, por así decirlo…

—¡PUM! —se escuchó el ruido.

—¿Qué ha pasado? —preguntó Dani asustado.

—¿Lo veis? ¡Os lo dije! Sabía que se abriría —nos dijo Eva chuleándose.

—¿Nos metemos en el portal? —preguntó Pope.

—Hombre, pues claro. Pero Marta, tú conduce esto que yo no tengo ni idea —respondió Eva decidida.

—Vale, pues vamos. ¡Todo el mundo a bordo! —dijo Marta mientras nos metíamos otra vez en este trasto (va en serio, marea mucho).

—¡AAAAAAAAAAAA! —gritamos todos mientras el portal empezaba a girar y girar, hasta que al fin paró y pudimos bajar.

—¡Dios mío, qué mareo! —exclamó Claudia.

—¡Menos mal que hemos podido volver! —se emocionó Artemisa.

—Muchísimas gracias, Eva —dijo Pope feliz.

—Ha sido un placer conoceros… —dijo Marta abrazando a Artemisa.

—Pero creo que nuestros caminos se separan y no podremos volver a vernos… —añadió Artemisa con lágrimas en los ojos.

—Chicos, en serio, sois los mejores —le dijo Dani sin razón a los dos hermanos mientras todos nos dábamos un abrazo super fuerte.

—Vamos al castillo, nos despedimos de vuestro padre y nos vamos, ¿vale? —respondió lloriqueando Marta.

—Pero solo a despedirnos y nos vamos, sí, sí.

Dije yo irónicamente mientras caminábamos hasta el castillo del rey hasta que…

—Eh… ¿Y nos vamos sin una selfi todos juntos? Vamos, al menos uno.

Dijo Eva de repente.

—¿Qué…? ¿Habéis dicho un… selfi? —Se extrañó Jose.

—¿Y qué es eso? —preguntó Pope.

—Em… ¿Cómo se lo explicamos? —preguntó Dani.

—Veréis, es como un espejo, que podéis veros, pero se queda un momento capturado. ¿Entendéis algo? —respondió Marta.

—¡Anda! ¡Qué guay! —dijeron los dos hermanos a la vez. Entonces Eva sacó su móvil del bolsillo y ¡CHIN! Foto hecha, quedó bastante chula y con el Coliseo romano por detrás.

—Ehhh, pues salimos bien guapos —respondió Pope.

—Pues sí, ja, ja —añadió Jose.

Seguimos caminando hasta la casa del rey (y de Pope y Jose, claro). Obviamente tuvimos que subir todos, todos los escalones, que por cierto los he contado; y son: mil setecientos sesenta y tres. La verdad es que son bastantes. Cuando llegamos al piso más alto de todos, nos encontramos con el rey.

—Hola, ¿qué tal, cómo estáis? —dijo el rey con alegría (parece que hoy está de buen humor).

—Hola, señor, muy bien, estamos genial, solo que teníamos que decirle algo… y es que resulta que… —respondió Marta mientras el rey le cortaba las palabras.

—Sí, sí, eso me lo contáis después, que yo os tengo que decir una cosa de lo más interesante, hoy… ¡ES EL FESTIVAL! —añadió el rey emocionadísimo.

—¿¡Festival?! —nos extrañamos todos.

—¡Se nos olvidó por completo decíroslo! —se asustaron los dos hermanos.

—Hoy es el carnaval romano.

—¿Y eso qué es? —preguntamos todos a la vez.

—Pues van vestidos como con plumas de pájaros y eso… —dijo Pope.

—Y también van bailando —añadió Jose.

—¿Con música? —pregunté yo.

—Claro —dijo el rey.

—¿Qué tipo de música? —preguntó Marta.

—Pues… flautas de madera hechas a mano, tambores, cornetas… —respondió Pope.

—¿No nos podemos quedar a verlo? —preguntó Claudia.

—Em… No —soltó Marta de golpe.

—¿Pero por qué no…? —se disgustó Dani.

—Solo será otro ratito —dijeron los dos hermanos Jose y Pope.

—Chicos, por favor… sed conscientes, estamos en una época que no tiene nada que ver con la nuestra. ¿No veis que es peligroso? Siempre nos pasa lo mismo, que si ahora nos quedamos otro rato, que si ahora aquí, ahora allá… ¿No veis que no se puede? —nos dijo Marta intentando que cambiáramos de opinión.

—No —contestó Dani.

—No sé, quizás sería mejor si nos vamos ya a casa, aunque por otra parte a mí me gustaría quedarme —dijo Eva.

—Ya, a mí me pasa igual —añadió Claudia.

—Jope, venga, quedaos esta y os vais, por favor, Marta —dijo Pope.

—Por favor, Marta, por favor —dijimos todos.

—¡Que no! —dijo Marta mientras abría el portal para irnos a nuestra época.

—Pues vaya… Qué aburrido —dijo Jose.

—Marta no me cae bien… —le dijo Dani a Pope.

—Vale, chicos… Es la última vez que nos quedamos aquí, nada más termine nos vamos a la Roma de la actualidad. ¿Queda claro? —dijo Marta algo enfadada por escuchar lo que había dicho Dani.

—¡Vale! —dijimos todos a la vez.

—¡En marcha! —dijeron los dos hermanos mientras nos llevaban a la plaza.

—De verdad, es la última vez, esto y nos vamos —repitió Marta.

—Que sí... —respondió Pope.

—Tenemos que seguir recto por este caminito, luego giramos a la izquierda, volvemos a girar a la derecha y ya podemos ver la plaza, tiene un suelo de piedra —nos explicó Pope.

—¡También sale nuestro padre! —respondió Jose.

—Mirad, que ya empieza —añadí yo entusiasmada.

Primero empezaron a salir unas chicas montadas en caballos, detrás de ellas unos músicos, tocaban la flauta de madera, un tipo de tambor y palos, detrás de los músicos el rey subido en un trono, lo llevaban los sirvientes...

—¡Holaa, papaa! —gritaron los dos hermanos a la vez saltando.

En la actualidad, en los carnavales y cabalgatas tiran caramelos, pero aquí en vez de caramelos son: naranjas, manzanas, peras y limones, hasta la gente se peleaba por coger una manzana.

—Aquí tenéis, chicos —gritó el rey desde su asiento mientras nos tiraba manzanas y peras.

—Gracias, pa... —dijo Pope mientras a Dani le pegaba una manzana en la cabeza.

—Ay, qué daño —respondió Dani mientras se levantaba del suelo dolorido.

—Ahí va, Dani, ¿estás bien? —pregunté yo.

Los demás no se dieron cuenta de que Dani estaba en el suelo, bueno, excepto Pope, todos estaban concentrados en las frutas.

Detrás del rey, vinieron los bailarines y bailarinas que llevaban plumas de pájaros exóticos pegadas al cuerpo, mientras bailaban tenían a más músicos tocando, y detrás de los bailarines más caballos, pero esta vez había tres personas en su carruaje tirando fruta (como no).

—¡Aquíii, aquíiii! —repetía todo el mundo una y otra vez para intentar coger la fruta.

En cuanto pasó el último carruaje con caballos, el carnaval se terminó, se nos había hecho demasiado corto, a mí me hubiera gustado quedarme, además de que he hecho amigos nuevos.

—Chicos, hora de irnos, ¡andando! —dijo Marta cortando mis pensamientos.

Nadie le respondió a Marta, todos nos quedamos en silencio.

—¿Hola? ¡Me lo habéis prometido! —añadió Marta enfadada.

—Ya, pero es que… —dije yo mientras Marta me cortaba.

—Nada de «es que», nos vamos yaaa, ¿entendido?

—Sí —respondimos muy serios. Mientras Marta abría el portal nos dimos un abrazo grupal y nos despedimos, una despedida algo triste.

—Adiós a todos, cuidaos mucho, por favor —dijo Marta.

—Adiós, adiós —añadí yo.

—Adiós… —dijo Dani con lágrimas en los ojos mientras el portal comenzaba a cerrarse.

El portal comenzaba a dar vueltas y en un abrir y cerrar de ojos ya estábamos en la actualidad.

—Demasiado bueno para ser verdad… —dijo Claudia.

—Algún día me gustaría volver a verlos… —añadí yo.

—Creo que ya es hora de que os vayáis al hotel, descansáis un rato y mañana nos vamos a ver más cosas, ¿os parece bien? —preguntó Marta entusiasmada.

—Claro, mañana nos vemos —respondió Dani.

—¡Hasta mañana! —añadió Eva.

Marta cogió un taxi y se fue, y nosotros fuimos caminando hasta el hotel. Cuando llegamos, bajamos al restaurante del hotel (era bufé libre) y ya estábamos pensando en lo que íbamos a cenar: sushi, pasta, arroz…

—Yo había pensado en comer sushi —comentó Eva.

—A mí me apetece un montón pasta —dijo Claudia.

—Pues a mí me apetece pizza, ya que estamos en Roma —añadí yo.

—Pues yo quiero… MACARRONES CON TOMATE —dijo Dani contentísimo.

—Pero, Dani, ¿otra vez? Pero si en París fuimos al restaurante de lujo y te pediste MACARRONES CON TOMATE —exclamó Claudia mientras se daba una palmada en la cabeza.

—Pero chicas, que no os enteráis, esto es ROMA, R—O—M—A. ¡Es el lugar de las pastas indicado! —respondió Dani como si supiera muchísimo sobre Roma.

—Ya, ya —dijimos todas casi sin hacerle caso mientras bajábamos las escaleras del hotel para ir al restaurante. Es un poco extraño, porque el restaurante está en la planta —1.

—Hola, teníamos una mesa para cuatro personas y…
—le dijo Eva al camarero que estaba en la entrada, pero el camarero le cortó a Eva las palabras.

—Chiquillos, ¿y vuestros padres? A ver, para que os enteréis el restaurante está cerrado, miren las horas que son, por favor —respondió ese camarero antipático.

—Pero señor, si aún hay gente comiendo, hay muchas mesas con gente… —dijo Claudia.

—Shhh, fuera de aquí.

—¿Hola? ¡Ehh, Marcos! ¿¡Pero si son solo las 10:30?! Por faor ¡que te echo de una patada! —añadió una señora mientras nos quedamos pasmados en el restaurante.

Madre mía, ¿se llama Marcos? Es ese, el de las maletas del avión. ¿Os acordáis? —dijo Eva en voz baja.

—¿Qué? ¿No? —respondimos Claudia y yo sin recordar nada.

—Sí, que cuando íbamos a París a por Dani nos metimos en las maletas… —añadió Eva.

—Vale, ya me acuerdo, pero no me digas que es este, me lo hacía más majo —dijo Claudia.

—Ho— Hola, perdonadme que no os había dicho nada, soy Lucía, la dueña del restaurante, encantada —dijo amablemente Lucía.

—Hola, encantados, somos Claudia, Eva, Dani y Ainhoa, un placer.

—He visto que mi empleado no os ha tratado muy bien, ya he pensado en echarlo varias veces. —Nos explicó Lucía.

—No te preocupes si nosotros ya nos íbamos a… —intenté decir, pero Lucía se adelantó.

—¿Que vais a dónde? No, no, ¿habíais venido a cenar, verdad? Pues de aquí no os vais sin cenar, de hecho, seguimos teniendo comida suficiente. Como podéis ver, allí al final hay mesas libres, es el sitio más bonito del restaurante, venid y os lo enseñaré.

Lucía nos llevó al final, a las mesas redonditas, estaba decorado como si fuera una librería o algo por el estilo.

—¡Qué bonito! —exclamó Dani mientras miraba a su alrededor.

—A que sí, bueno, id a coger la comida y venid a vuestra mesa —nos dijo la encantadora Lucía.

Cogimos justo lo que estábamos pensando antes y lo llevamos a la mesa.

—¡Está riquísimo! —exclamó Claudia.

—Ahora vengo, que voy a por más macarrones con tomate —dijo Dani.

—Yo a por más sushi —añadió Eva mientras Dani venía con otro plato de macarrones.

—Ay, si estuvieran aquí Pope y Jose… —se quedó pensando Dani.

Y su sueño se hizo realidad…

—¿¡Qué?! ¡Mirad allí, no me lo creo, son…! —dije yo mientras Dani chillaba.

—¡¡¡POPE Y JOSE!!! —gritó Dani.

—¡AAAAA, Daniiiiiii! —gritó Jose.

—¡Pero si también están Eva, Ainhoa y Claudia! —exclamó Pope muy contento.

Mientras los seis nos dábamos un abrazo grupal.

—No me lo puedo creer. ¿Pero cómo habéis llegado hasta aquí? —les pregunté a los dos hermanos.

—Pues veréis: estábamos ayudando a nuestro padre a picar para extraer oro de la mina, o al menos eso intentábamos, porque ni siquiera llegamos. En fin, no llegamos porque íbamos caminando cuando de repente nos metimos al portal, fue muy extraño, nuestro padre también se metió, empezamos a dar vueltas y vueltas y salimos aquí, pero perdimos a nuestro padre de vista, puede que se haya ido a otra época o que haya vuelto a la nuestra, o quizás está aquí ahora mismo, no tenemos ni idea, por eso lo estamos buscando. —Nos comentaron los dos hermanos.

—¡Ahí va, qué mal! Tenemos que ir a buscarlo —dijo Claudia.

—Ya, pero es que hay muchas, muchas épocas. ¿Y si el sin nombre ha quitado el portal? —se preguntaba Eva.

—Ostras, claro, obviamente, vamos a buscarlo, avisaré a Marta, tengo su teléfono —respondió Dani.

—Wow, es increíble lo que hay en el futuro, la comida es preciosa y está buenísima y los establecimientos y los «ascensores», eso que sube y baja, está chulísimo —se decían entre sí los dos hermanos.

—¿Hola? Dime, Dani… —decía Marta desde el teléfono…

—Marta, por favor, tenemos un grandísimo problema, nos vemos en las puertas del Coliseo —le contestó Dani.

—Claro, voy para allá —afirmó Marta desde el teléfono.

—Vale, Marta dice que va al Coliseo, nos vemos allí. ¿Habéis terminado de cenar, no? —nos preguntó Dani.

—Sí, sí, voy a darle a Lucía (la dueña) las gracias, id yendo, ahora os cojo —les dije a todos.

—Vale, nos vemos en el Coliseo, no tardes —me respondió Claudia.

—Hey, hola chicos, he venido lo más rápido posible, un momento… ¿No falta alguien?… Ainhoa, ¿dónde está Ainhoa? —dijo Marta.

—Ahora viene, no te preocupes, está en el restaurante —respondió Claudia.

—¡Holaaaaaaa! —gritaba yo desde lo lejos—. Ya estoy aquí, a ver, contadme, ¿qué vamos a hacer? —pregunté yo.

—Aún no hemos pensado nada —respondió Eva.

—Tenemos que meternos al portal, vamos… —dijo Marta mientras sacaba las llaves para abrir la puerta de rejas para meternos dentro del Coliseo.

—Se puede entrar al Coliseo por la noche, deberían de haber guardias —pensó Jose.

—Es que debería de estar cerrado, pero yo soy guía, por lo tanto, tengo la llave —añadió Marta sonriendo y enseñándonos la llave. Fuimos caminando un poquito más hasta llegar a la esquina, donde está el portal, o bueno, más bien donde estaba.

—¡¿Qué?! —nos espantamos todos.

—¡¡¡NOOOOOOOOO!!! —gritó Marta con todas sus fuerzas (lo habrá escuchado la otra punta del mundo).

—¡¿Qué vamos a hacer?! —preguntaron Pope y Jose a la vez.

En efecto, el portal había desaparecido, probablemente el Sin Nombre se habrá enterado y lo habrá quitado (o al menos pensamos nosotros).

—Pero... ¿y nuestro padre, qué pasará si nunca más podemos volver a verle? —se preguntaban una y otra vez los dos hermanos.

—Tranquilidad... El primer paso es mantener la calma, nos tranquilizamos y veremos a ver qué podemos hacer —respondió Marta algo agobiada.

—Tenemos que coger al sin nombre —pensó Dani.

—Sí, claro, ¿y cómo quieres que hagamos eso? —dudaba Claudia.

—Puede que lo pillemos en alguna de las ocasiones —añadió Eva.

—¿Y cómo? —preguntamos todos.

—Pues como dicen que va yendo de época en época, le tenderemos una trampa para que venga a esta época y por fin lo pillemos, cuando lo tengamos le diremos que nos abra el portal, y si no lo hace no le soltaremos y... ¡así de fácil! —imaginó Dani (se nota que tiene mucha imaginación).

—Ya, ya, Dani, como si esas cosas pasaran así como así —dijo Claudia.

—Puede pasar. ¿Qué trampa le ponemos? —añadió Marta decidida.

—Em... ¿Un tesoro? —le decía Dani a Marta.

—Sí, buena idea —afirmó Marta.

—Pero para que Sin Nombre se dé cuenta de que aquí hay un tesoro tendrá que salir en la historia —respondió Eva.

—Sí, vale, ¿cómo hacemos que salga en la historia? —pregunté yo.

—Crearemos un mito —añadió Jose.

—Sí, tenemos que decir que aquí hay un tesoro muy, muy grande o algo de eso, ya que estamos en el Coliseo lo podemos enterrar aquí y esperar a que la gente se dé cuenta, o bueno, al menos el Sin Nombre. Y cuando notemos que venga por alguno de sus portales ¡PAM! Lo pillamos. —Nos explicó Pope.

—No sé si lo hemos entendido bien, pero… Vale —respondimos todos.

—Vale… un tesoro (nos pusimos a pensar).

Pope tenía en uno de sus bolsillos unas monedas antiguas, eran como un tipo de piedras.—Mirad lo que he encontrado, aquí podemos guardar el «tesoro», si buscamos más cosas seguro que algo encontraremos —añadí yo mientras me acercaba con una caja roja, antigua y bonita.

—¡Yo me he encontrado un euro! Vale, ¿verdad? —preguntó Dani.

—Claro, hay que tener en cuenta que Sin Nombre viene del futuro, así que si ponemos euros, también son monedas antiguas para él —afirmó Claudia.

—Yo tengo este collar, también podemos ponerlo. Y yo creo que con esto basta —añadió Eva.

—Vamos a enterrarlo —se entusiasmó Marta. Cogimos la caja y la llevamos hasta el centro del Coliseo, y justo en ese momento…

—Ahí va, no me digas que ese es el Sin Nombre —dijo Claudia en voz baja mientras observamos todos mientras

el Sin Nombre salía poco a poco del portal mirando de lado a lado para que no le observara nadie. Tenía una máscara digital (o algo por el estilo), ropa negra, un gorro, un paraguas (no sé para qué) y una pantalla que le seguía a todas partes, parecía como si estuviera grabando un video.

—3, 2, 1… ¡A por él! —dio la señal Marta, cada uno salió de un lado, le enganchamos con las cuerdas y se asustó, no sabía qué estaba pasando, nos dijo.

—Eh, eh, ¿quiénes sois vosotros, niñatos? —nos preguntó con acento italiano.

—Eso no importa, lo que importa es que te hemos pillado y no tienes escapatoria —respondió Dani con voz de espía (creo que un poco ridículo, la verdad).

—Necesitamos que nos hagas un favor y… vamos a quitarte ese calcetín de la cara —dijo Jose siguiéndole el rollo a Dani.

—Oye, que no es un calcetín, ¡es una máscara digital! Así que, por lo tanto, no me la podéis quitar, ja —añadió el sin nombre haciéndose el chulo.

—Pues… si no te quitas la máscara, ahí te quedas —le dijo Claudia mientras todos damos media vuelta y nos íbamos alejando poco a poco.

—No, no, al menos soltadme… —respondió el «sin nombre».

—¡Quítate la máscara! —le ordenamos todos.

Sin nombre empezó a quitarse la máscara poco a poco con una aplicación en un teléfono flotante y…

—¿¡Pero si eres un niño?!

Nos extrañamos todos. El niño, que parecía tener diez años, era moreno con rizitos, estaba flaquito y era mofletudo.

—Pero… ¿Tú sabes que podrías cambiar la historia? —le preguntó Marta.

—¿Qué historia? Pero es que el otro día me enfadé con mis padres, me riñen mucho —dijo el niño, no nos parecía muy de fiar.

—Pues normal que te riñan… —dijo Claudia delatándolo.

—¿Para qué querías este tesoro? (Era el que habíamos enterrado nosotros) —preguntó Eva.

—Era para curar a mi perrito —respondió el niño.

—No sé si me lo estoy creyendo del todo —le dije en el oído a Claudia.

—Ya, yo tampoco es que me lo crea mucho —me respondió ella.

—Y… ¿Cómo es que tienes un portal, de dónde lo has sacado? —preguntó Dani.

—Veréis, mi tío es un hacker, él hace cosas increíbles y tiene a unos amigos que son científicos y juntos crearon «el Portal» y me lo dio a mí —nos contó el niño.

—Pues qué tío más irresponsable… —respondí yo.

—¿Qué? —preguntó el niño.

—Nada, nada… A todo esto, ¿cómo te llamas? —pregunté yo.

—Soy Aarón… —respondió él.

—¿Por qué cerraste este portal? Ahora por tu culpa no podemos volver a casa —añadieron enfadados los dos hermanos.

—¿Pero qué hay una cabalgata, de qué vais vestidos? —preguntó Aarón riéndose y de mala manera.

—¡Son del pasado! —respondimos todos.

—Por eso quieren volver a utilizar el portal, para que puedan marcharse a su casa —exclamé yo.

—Si no nos abres el portal te quedarás aquí con nosotros —intentó decir Dani serio.

—Pues vale… —contestó Aarón.

—Pero… ¿No se suponía que tiene que decir «No, por favor, haré lo que sea por volver a mi casa»? —nos preguntó Marta en voz muy bajita, sin que lo escuchara Aarón.

—Eso se suponía, es muy espabilado —respondió Claudia.

—Nos abres el portal, porfiiii —le dijo Marta a Aarón con carita de pena.

Todos le pusimos la misma cara y en ese instante respondió:

—No.

Ese NO fue demasiado seco.

—¿Qué, cómo que no? Si no, te quedarás aquí toda la vida, nunca más verás a tus familiares… —le dijo Marta dándole miedo e intentando que cambie de opinión.

—Bueno… es que… ¿Tampoco podré ver a mi perrito? —preguntó Aarón.

No   le respondimos todos a la vez.

—En ese caso, no queda más remedio… —añadió Aarón intentando levantarse, pero no podía, estaba atado a las cuerdas, por eso le soltamos y nos abrió el portal, hizo

un círculo muy grande invisible y pudimos pasar. Aarón también vino con nosotros.

—¡Ya estamos aquí! Otra vez —exclamé yo.

—Ala, así que esto es el pasado, pero muy pasado —dijo Aarón mirando a todos los lados.

Le dejamos un poco apartado mientras lo miraba todo.

—La verdad, me hubiera gustado quedarme más tiempo con vosotros… —dijo Dani a modo de despedida.

—Jolín, es una pena que no nos podamos volver a ver, habéis sido nuestros mejores amigos —admitieron los dos hermanos.

—La verdad, nos habéis caído tan tan bien que me gustaría quedarme con vosotros, de hecho quería preguntarle una cosa a mi padre —dijo Jose mientras caminábamos hacia el castillo del rey Sergio. Aarón nos esperaba en la puerta del portal jugando con un cervatillo. (¿Alguien me puede explicar por qué este niño nos tiene que seguir a todos lados?) Al fin llegamos (ahora toca subir todas las escaleras, nos costó un buen rato, realmente son agotadoras).

—Papá, papá, tengo una pregunta para ti, hemos hecho unos amigos que jamás de los jamases podríamos olvidar y es que me gustaría preguntarte si me podría quedar dos semanas con ellos y un mes en el reino, es por nuestra felicidad, ten en cuenta que aquí no tenemos amigos, estamos encerrados en este castillo —le dijo Pope a su padre.

—No, hijo… ¡Vosotros salir fuera! —nos dijo el rey mientras él continuaba hablando con sus hijos.

—Veréis, me importa vuestra felicidad pero…

Se quedó pensando el rey mientras salíamos por la puerta.

—Es que… ¿No hay otro remedio? —preguntó Jose.

—Bueno… si me lo decís así, ¿estaréis bien? —respondió el rey.

—¡Claro que sí! ¿Qué esperas de nosotros?

—En ese caso, bueno… Podéis iros pero con una condición. Tenéis que venir a visitarme todos los días —respondió el rey. (Hoy parece que estaba bastante contento).

—No me lo creo, ¡qué fuerte! —exclamó Dani.

Los dos hermanos le dieron un fuerte abrazo a su padre y nos fuimos otra vez a nuestra época actual. Aarón nos estaba esperando en el portal (Sé que esto de ir de época en época es un lío). Entonces nos volvimos a subir de nuevo al portal.

Cuando llegamos a la Roma actual nos bajamos del portal.

—¿Qué pasa si rompo el propósito que había prometido? —preguntó Aarón.

—¿Qué propósito? —nos preguntamos todos.

—Que no podía volver a utilizar el portal nunca más. Es por una buena causa, dejadme que os lo explique.

—Em…

Todos nos quedamos pensando.

—Quería llevaros a que vierais el FUTURO —nos propuso Aarón.

—No sé si sería muy buena ide… —intentó decir Marta, pero Eva dijo… —Claro, ¿a qué esperamos?

—Pero… —intentaba decir Marta.

—A mí también me parece buena idea, y a mí, y a mí…
—íbamos diciendo todos.

—Pero chicos, NO, no puede ser, vamos de época en época. ¿Y si nos pasara algo? —preguntó Marta.

—No pasa nada, allí te atienden pase lo que pase, no hay problema —respondió Aarón.

—Si tú lo dices… —dudaba Marta.

—En ese caso… ¡VAMOS!

Nos entusiasmamos todos, excepto Marta, todavía dudaba un poco.

Volvimos a abrir el portal y… Rumbo al futuro, nunca me había imaginado el futuro, así que no tenía ni idea de cómo podría ser.

—¡Vaya, no me esperaba nada así! —exclamó Marta.

—Estamos en el siglo cuarenta, en el año 3947 —nos explicó Aarón.

—Wow, es increíble —se impresionó Claudia y todavía más Jose y Pope.

—¡Ya hay coches voladores y coches submarino! —exclamé yo.

Había carriles de coches y motos en el CIELO, no en el suelo, las casas y los edificios eran como rascacielos, sobrepasaban las nubes, ya no quedaba ni un rastro del coliseo o de las cosas antiguas. Y además, se puede volar ¡por el cielo! Es como un sueño, y algo raro, el suelo solo se utiliza para caminar, para ir a parques o parques de atracciones y para ir en trenes (Sí, también hay trenes en el cielo). Es como si el cielo fuera otra ciudad diferente, está chulísimo, el futuro es fantástico y… (Aarón me cortó los pensamientos).

—¿Chicos, queréis venir a ver mi casa?

—¡Claro! —respondí yo que le había cogido confianza, pero sabía que no debía dejarme llevar.

Aarón nos llevó a uno de los rascacielos enormes e impresionantes, Aarón vivía en el piso doscientos cuarenta y siete. Sí, sí, en el piso doscientos cuarenta y siete como habéis escuchado, obviamente tuvimos que subir en un ascensor, pero no un ascensor normal, sino un ascensor sin pared. El ascensor nos subió poco a poco hasta casi arriba (en el piso doscientos cuarenta y siete) y allí se abrieron las puertas de cristal, o lo que fuera eso, porque era un «cristal» irrompible y elástico.

—Wow...

Nos quedamos todos en blanco, la casa de Aarón era gigante, hasta en el salón tenía una piscina cubierta, todos los sillones reclinables y hasta sillas voladoras, en su cuarto (que era chulísimo) tenía una cama que subía y bajaba con tan solo apretarle a un botón, pero... ¿Dónde estaba el truco? No había truco, simplemente vuela hacia arriba y hacia abajo, se sostiene sola.

—Lo bueno es que no existe la pobreza como en el pasado, en este caso en vuestra época sí que existía —comentó Aarón señalándonos. ¿Nos estaba llamando pobres?

La verdad es que me ha alegrado bastante escuchar que por fin termine la pobreza.

—Pero tenéis mucha suerte, en nuestra época esto de las camas voladoras o volar por el cielo no existe —añadió Marta.

—Ya, yo estoy muy agradecido aunque si os dais cuenta todo el mundo tiene esto y la verdad es que yo no es que

sea muy rico por así decirlo, soy más clase media —respondió Aarón.

—Me alegra saber que el futuro vaya tan bien —añadieron ensimismados los dos hermanos.

—¿Queréis que os lleve a otro sitio aún más impresionante? —preguntó Aarón.

—¿Dónde? —preguntó Dani.

—Ahora lo veréis, venid conmigo.

Respondió Aaron contento mientras nos echaba unos polvos amarillos parecidos a la purpurina y…

—¿Cómo? ¡Estoy levitando! —dijo con miedo Dani.

—Sí, eso es —respondieron los dos hermanos.

—¡Es un sueño hecho realidad! Volar siempre ha sido mi sueño —añadí yo.

—El efecto tan solo dura treinta minutos, pero no os preocupéis, estaremos allí en un santiamén. Aaron abrió la ventana de la habitación y nos invitó a salir tras ella.

—¡Yujuuuuu! —chillamos todos emocionadísimos.

—Pero chicos, cuidado, no tenemos que ir por el carril de los coches voladores, tenemos que ir por el carril «Volador». Creo que en vuestra época se dice peatonal, pero no lo sé seguro —nos advirtió Aaron.

Aunque… ¿No vamos un poco lentos? —le preguntó Claudia a Aaron.

—Ahí va, perdona, se me había olvidado, tenéis que recitar las palabras mágicas, que son: Chispas, chispas a toda ¡velocidad! Vamos, repetid conmigo.

—Chispas, chispas a toda ¡velocidad! —repetimos todos, cuando en ese momento ¡¡¡FUM!!! ¡Salimos dispara-

dos, y si no me equivoco a unos mil kilómetros por hora! Era increíble, nunca pensé que podía volar por el cielo y además a demasiada velocidad. Llegamos al sitio el cual nos dijo Aaron y…

—¡Un parque de atracciones flotante! —gritamos todos. Esto no se lo esperaba nadie (o eso creo).

—¡No puede ser! ¿Podemos montar en las atracciones? —pregunté sin aún creerme nada.

—¿Qué es una montaña rusa? —preguntaron los dos hermanos.

—Es emocionante, ahora lo veréis, siempre y cuando no tengáis miedo a las alturas —respondí a los dos hermanos.

—¡Claro! —nos dijo Aaron.

Y sin pensárnoslo nos subimos a la primera atracción que vimos, sin cola y sin nada. A esta atracción le llaman *The Hell*. En español: El infierno, se trata de un tipo de montaña rusa en el que atraviesas nubes y cuando llegas a la nube mayor… ¡Ahora lo veréis! :)

—Vaya, qué atracción más extraña… ¿Nos subimos a este vagón, por ejemplo? —preguntó Claudia.

—Exacto —afirmó Aaron.

—Me da la sensación de que el vagón está flotando, pero venga, vamos a subir —exclamó Claudia contenta.

—¡Qué guay! Mirad, esa pantalla está proyectando una cuenta atrás —dije emocionada.

—Un momento, ¡YO LE TENGO MIEDO A LAS ALTURAS! —chilló Eva cuando ya nos habían apretado los cinturones.

—5, 4, 3, 2, 1… ¡GO!

El vagón salió disparado hacia una cuesta enorme, este la subió mientras atravesamos nubes y cada vez más y más hasta que llegamos a una nube gigantesca (como una ciudad entera). El vagón seguía yendo muy aprisa hasta que cada vez iba parando, y la velocidad se iba disminuyendo, se disminuyó un 87 % de como estaba antes.

No nos irán a dejar aquí arriba, ¿verdad? —dijo Eva… Pero en cuanto menos nos lo esperamos…

—¡AAAAA! ¿Esto no había acabado yaaaa? —se asustó Eva mientras la atracción volvió a coger su máxima velocidad y bajaba por una cuesta que te temblaba todo el cuerpo, cuando ya íbamos por la mitad de la cuesta vimos la casa de Aaron y diez segundos después ya estábamos en el suelo, nos quedamos petrificados y sobre todo Eva, se había quedado con la boca abierta y los dos hermanos casi ni podían hablar.

—¡Qué emoción más fuerte! —dijeron los dos casi sin mover ni un solo músculo de la cara, ni siquiera se habían levantado de la atracción.

—¿Pero os habéis dado cuenta? ¡Hemos subido hasta las nubes! —dije yo intentando animarlos, y sobre todo Eva, que aún seguía con la boca abierta.

—Eva, ¿estás bien? —le preguntó Dani.

—Sí, sí, era demasiado fuerte para mí… —respondió ella mientras se iba levantando lentamente de la atracción, al igual lo hicieron los dos hermanos.

—Y ahora, ¿dónde vamos? —preguntó Aaron con ganas de más, pero nosotros ya estábamos demasiado cansados.

—Nos vemos mañana, ¿vale? —le dijimos para que nos dejara marchar.

—Un regalo… (Aaron nos dio la varita para abrir el portal) Juré que nunca la volvería a utilizar, ja, ja, cuando queráis venir yo estaré aquí.

—No puede ser, ¿de verdad nos das esto? Es peligrosísimo —intentó decir Marta.

—Confío en vosotros, sé que haréis cosas para el bien —respondió Aaron.

—¿En serio? ¡Muchas gracias! —dijimos todos a la vez mientras íbamos al portal de antes para no tener que abrir uno nuevo (aún tenemos que aprender). Unos minutos después, cuando terminamos de hablar, decidimos despedirnos.

—¡Adiós! Y gracias —dijimos todos, y nos fuimos por el portal. (Sí, ese maldito portal que parece una lavadora).

—¡Adiós! —añadió Aaron mientras alzaba la mano y se despedía con ella.

—Esta… dando… muchas… vueltas… —intentaba decir Eva.

Qué… ¡Mareo! —añadió Claudia con ganas de vomitar.

—¡Se me revuelven las tripas! —respondió Jose.

El portal se estaba moviendo demasiado, no era normal, pero menos mal que ya paró y nos pudimos bajar de él.

—Oye, chicos… ¿No os ha parecido que el portal se movía más que otras muchas veces? —les pregunté yo para ver si pensaban lo mismo.

—Pues… Sí, la verdad me he mareado bastante —contestó Pope.

—Ya, yo también —respondió Marta con su gatito cogido a la chaqueta.

—Parece que Morti también se ha mareado —añadió Dani.

—Ay, mi gatito… tranquilo que no pasa nada… —le decía Marta a su gatito.

—¿Vamos a casa a descansar? —pregunté yo.

—Será lo mejor, estoy otra vez agotada —respondió Eva.

Nos dirigimos otra vez al hotel, estábamos tan cansados que nada más llegar a la habitación nos dormimos en el suelo casi sin darnos cuenta.

Normalmente nunca duermo del tirón (y menos en el suelo) pero hoy he dormido genial, además no sé ni qué hora será pero…

De repente Claudia me cortó los pensamientos.

—¡¡¡HABÉIS VISTO QUÉ DÍA Y QUÉ HORA ES!!! —les despertó a todos, y por si fuera poco, casi rompe los cristales del chillido tan fuerte que ha pegado.

—¡Madre mía, pero qué pasa! —respondió Marta que aún seguía con el antifaz en la cara.

Dani se levantó de un solo salto, y los dos hermanos chillaron.

—¡¡¡TRANQUILIDAD!!! Dejemos a Claudia que nos explique lo que pasa —grité yo con todas mis fuerzas. Uy, qué bien, eso no me lo esperaba, todo el mundo se ha callado.

—Vale,... Os lo repetiré (intentó tranquilizarse) ¿¡Habéis visto qué día y hora es!? —respondió Claudia otra vez chillando como si fuera el fin del mundo.

—Eh... Sí, son las 11:21 de la mañana y es día 3 de julio, ¿qué pasa? —dijo Dani aún con cara de dormido.

No sé si os acordáis que hemos venido aquí de VACACIONES, no a quedarnos a vivir, y por eso lo que os estoy diciendo es que... —intentó decir Claudia, pero yo le corté las palabras.

—¡¡¡Hoy nos vamos a España!!! El avión ha salido hace una hora —grité yo.

—¡NO PUEDE SER! ¿Cómo no he podido acordarme? —respondió Dani.

—Además de todo, deberíamos haber dejado el hotel hace exactamente tres horas, madre mía, tenemos que recogerlo todo con la mayor rapidez porque si no... ¡Nos echarán a patadas! —dijo Eva lo más alterada posible.

Entonces nos pusimos a recogerlo todo lo más rápido posible, pero ahora que me doy cuenta, ¿qué haremos con Jose y Pope?

—El próximo avión sale hoy a las 19:30, no tenemos mucho tiempo para prepararnos... En cuanto salgamos del hotel vamos a alguna cafetería o algo y desayunamos, porque ya se ha terminado la hora del desayuno en el hotel, ¿vale? —nos dijo Claudia intentando organizar las cosas. Rápidamente nos pusimos a recoger toda nuestra ropa, nos lavamos los dientes y nos fuimos directamente de allí dejando la llave y la tarjeta de la habitación en recepción. Menos mal que pudimos salir sin preocuparnos,

porque si nos pillan la tenemos clara, no se puede estar en la habitación más tiempo del establecido, y nosotros nos habíamos pasado del tope hace unas cuantas horas...

—Hemos tenido una suerte tremenda, si nos hubieran pillado nos habríamos metido en un buen lío —comentó Dani.

—Y que lo digas —añadió Pope mientras cada vez nos íbamos alejando más del hotel, tranquilos y sin preocupaciones, pero nadie se esperaba que...

—¡Eh! Sí, sí, vosotros —nos dijo una persona que parecía ser el de recepción, venía corriendo detrás de nosotros, como si hubiéramos robado un banco o algo.

—¡¡¡CORRED!!! —dijo Claudia sin pensárselo.

Empezamos a correr con el chico de recepción persiguiéndonos por detrás.

—¿Morti?... Ay... ¿¡Dónde está mi gatito!? —se preocupó Marta, ella dio la vuelta y se fue corriendo en la dirección contraria.

—¡Marta, no vayas! —le intentamos gritar.

—Ey, ey, ey... ¿Dónde crees que vas, jovencita? Necesitáis...

Intentó decir el chico de recepción, pero Marta lo apartó de un golpe seco (casi lo tira al suelo) y siguió corriendo hasta que llegó donde estaba su gatito.

—Ay, Morti, ¿estás bien? Venga, vamos a casa, pero no vuelvas a jugar por la calle, ¿eh? —le dijo Marta a su gatito.

—¡Oyee, chicos!

Nos seguía persiguiendo el chico del hotel.

Marta vino hasta nosotros corriendo con su gatito en la capucha y seguimos corriendo hasta el coliseo (más o menos). Estábamos demasiado cansados y decidimos descansar y darnos la vuelta (estábamos perdidos), entonces él nos dijo:

—Ay… me habéis dado una paliza corriendo, eh, ja, ja. ¿Por qué huíais? No os voy a hacer nada, solo era deciros que tenéis que firmar unos papeles del hotel y todo eso… Anda, casi se me olvida, un detalle.

(El chico nos dio unas galletas con el nombre del hotel).

Él parecía ser majo, pensábamos que nos diría algo por pasarnos de las horas, pero en realidad solo era esto.

—Anda… Mu-muchas gracias —dijo Dani confundido.

—Gracias —dijimos los demás.

—Bueno, encantado, me voy que tengo que seguir trabajando. ¡Hasta luego! Y… Volved cuando queráis —nos dijo el chico mientras se alejaba.

—Vaya… pues si os dais cuenta esto podría haber acabado muy, muy mal… —reflexionó Dani.

—¿Qué podemos hacer en el tiempo que nos queda? Hasta las 19:30 no sale el próximo avión —comentó Eva.

—Lo primero, vamos a la cafetería y hablamos tranquilamente y lo organizamos todo —dijo Claudia.

—¡Mirad! Allí hay una cafetería y parece buena —dijo Marta, que parecía tener mucha hambre.

—¡Pues vamos! —dije yo, que también tenía hambre.

Nos íbamos dirigiendo a Don Angelo, una de las más famosas de Roma, desde la calle de atrás ya se podía oler

el dulce aroma de los helados, tartas, flanes… Al fin ya pudimos entrar a la cafetería, olía de maravilla y tenían muchísimos desayunos, postres… tantos que algunos ni los había probado en mi vida. La verdad es que tardamos un buen rato en escoger, pero al final acabamos decidiéndonos:

—*Bon giorno*, ¿qué desean? —nos dijo el dependiente.

—Hola, buenos días, yo quiero un croissant, de esos grandes —respondió Claudia.

—Yo pastel de zanahoria y té de frutos rojos —comenté yo.

—A mí me pones un helado de chocolate y un té de mango —añadió Dani.

—Yo quiero un brownie y otro té de frutos rojos —dijo Marta.

—Nosotros lo que sea… Es que no sabemos qué pedir, ni que seamos unos expertos en esta época. ¿Qué me recomiendas? —le preguntaron los dos hermanos al dependiente.

—Le recomiendo mucho este batido de fresa o de chocolate y para comer… el croissant que se ha pedido tu amiga o estos flanes —le respondió el dependiente.

—Bua… Jose, yo quiero ese «fan» o flan, como se diga —le dijo Pope a su hermano.

—Adjudicado, nos llevamos el «fan» —respondió Jose.

—Que se dice flan, chicos… —le respondió Claudia.

—¿Algo más? —preguntó el dependiente.

—Sí, falto yo. Quiero una de esas *cookies* gigantes —añadió Eva, pobrecita, casi nos olvidamos de ella.

—¡Perfecto! Ahora se lo lleva mi compañera a la mesa —dijo por último el dependiente.

Nos sentamos en una de las mesas. En fin, que cogimos el mejor sitio con los asientos justos para todos, casi nada más sentarnos vino una camarera a traernos lo que habíamos pedido.

—¡Madre mía, qué pinta tiene esto! —dijo Claudia, pero la verdad es que razón no le falta, la galleta que había pedido Eva acababa de salir del horno, olía de maravilla.

—¡Que aproveche! —nos dijo la amable camarera, nos dejó la bandeja en la mesa y se fue lentamente.

Cuando la camarera lo dejó todo en la mesa todos pusimos las manos y dijimos:

—¡Al ataque!

(Como si nos lo fueran a quitar).

—¡Au! Cómo quema el té —dijo Marta porque bebió el té muy deprisa.

—Vale, parezca o no, tenemos un grave problema… —intentó decir Eva, pero Jose le cortó las palabras.

—Sí, es muy grave este problema, no entiendo por qué no puedo meterme esta galleta enorme en la boca —dijo Jose.

—¡Oye Jose, dame mi galleta! —respondió Eva gritando.

—He visto en la web que el próximo vuelo no sale hasta dentro de tres días. Ha habido un problema con los aviones —dije yo.

—Dios mío, eso es mucho tiempo. Déjame ver, ¿seguro que no hay más vuelos antes? —preguntó Claudia mien-

tras ella me quitaba el móvil de las manos, le echó un ojo y directamente dijo algo angustiada…

—Me parece que nos tendremos que quedar aquí durante unos días más, aunque sin alojamiento…

—Pero… ¿cómo? Si no tenemos casi dinero —respondió Dani metiéndose una cucharada de helado en la boca.

—Pues… ese es el problema —añadí yo.

Todos estuvimos un buen rato en silencio, pero Eva siguió con la conversación, ella aún seguía bastante dudosa.

—Puede que tengamos que ir al aeropuerto, puede ser que haya algún viaje hasta España, no hay que fiarse mucho de internet, además por probar no perdemos nada. ¿Qué pensáis?

—Bien, lo que quieras, probaremos a ir —dije yo con la boca llena de pastel.

Seguimos desayunando tranquilos, porque no teníamos mucha prisa, esta cafetería estaba al lado del aeropuerto, al terminar todos nos levantamos de las sillas, pagamos todo lo que habíamos pedido y nos fuimos con todas las maletas y el equipaje al aeropuerto para ver si había algún vuelo cerca de estas fechas (si puede ser hoy o mañana).

—Siguiente… —dijo la chica que había en la información del aeropuerto.

—Hola, buenas, era si había para hoy un vuelo a España, el de esta mañana lo hemos perdido —respondió Dani antes de que pudiéramos abrir la boca.

—Pues… déjame ver… No, para hoy no tenemos, el próximo avión no llegará hasta mañana por la tarde a las 19:30. ¿Os viene bien? —nos dijo la chica de recepción.

—Em… Sí, sí. Solo que no tenemos sitio donde pasar la noche, ya se nos ha pasado el plazo de la habitación del hotel y… —intentó decir Dani (otra vez sin pensar), pero la chica le cortó las palabras.

—Faltaría más, haberlo dicho antes, tengo una habitación para vosotros, eso sí, si os parece bien —nos dijo la amable chica.

—¡¿Es en serio!? —respondimos todos alucinados, nadie se esperaba que nos dijera eso.

Claro, yo también hice esto cuando tenía vuestra edad, además no me gustaría que durmierais en la calle. Adelante, pasad.

La chica nos llevó a un almacén, el almacén tenía unos estantes laterales llenos de paracaídas pero en el suelo no había nada, podíamos poner mantas y sacos de dormir y dormir ahí, la chica nos dijo que fuéramos a la hora que viéramos conveniente, ella nos dio su número de teléfono y nos dejó para que nos instaláramos en el almacén.

—Bueno, pues algo es algo, ¿no? —dijo Marta.

—Sí, al menos no dormiremos en la calle —respondió Jose.

—Oye, mirad, ¿esto qué es?

Pope pulsó un pequeño botón rojo que claramente ponía «NO TOCAR», pero claro, Pope es así y como podéis ver no hizo ni caso a lo que ponía, de repente el suelo se empezó a abrir y el almacén se dio la vuelta, aparecimos en una habitación diferente.

—¡¡¡Alaaa, qué chulada!!! ¿Esto qué es? —dijimos todos a la vez.

—No tengo ni idea, pero parece que está bien —respondió Pope.

Tampoco era nada del otro mundo, pero parecía el espacio de verdad, se veían todos los planetas desde la pared, era como un planetario, tenía puffs para acomodarse, sillones y hasta una nevera. Supuestamente solo íbamos allí a instalarnos, pero yo me quedaría todo el día, parece que hayamos descubierto el rincón del aeropuerto secreto, así que entre que jugábamos a guerras espaciales y nos divertíamos comiendo y charlando se nos hicieron las 21:30 sin darnos cuenta, además ya no quedaba comida en la nevera que había en la sala, hasta que de repente se abrió la puerta de la sala…

—Hola chicos, solo deciros… ¿Qué ha pasado aquí? ¿Qué es esto? ¿Una nave espacial, el espacio? ¿Qué pasa con la nevera, no queda comida? —Se quedó extrañada la chica.

—Ho-hola, sí, queda mucha comida en la nevera, está casi llena, lo demás… no importa —mintió Pope.

—Em… pues está abierta y me parece que no queda nada, eh… —respondió la chica. Pope se levantó rápidamente y la cerró con la mano, en ese momento él dijo…

—No, no está abierta, para nada.

—Ay, hermanito mío, actúas de pena —le dijo Jose al oído de Pope.

—Bueno, solo quería deciros que mi turno ha terminado, nos veremos mañana por la mañana. ¡Buenas noches! —nos dijo la chica.

—¡Hasta mañana, buenas noches! —le respondimos mientras ella salía por la puerta.

Al cabo de una hora (aproximadamente) nos aburrimos bastante y, como no sabíamos qué hacer, nos fuimos a dar una vuelta por el aeropuerto. La verdad es que seguía habiendo gente, pero no tanta como por las mañanas. Una de las tiendas de regalo estaba abierta, nos extrañó bastante, pero aun así entramos a comprar algunos *souvenirs*. Nos compramos un llavero de un mini coliseo de recuerdo, luego íbamos dando vueltas al aeropuerto. Podríamos haber salido fuera, pero hacía demasiada calor. Dimos tantas vueltas al aeropuerto para explorarlo, pero no encontramos nada interesante…

—Eh, chicos… ¿Qué es eso? —dijo Dani asombrado.

—No sé, parece como un… ¿móvil gigante? —siguió Eva.

—¿Se podrá tocar? —respondió Dani.

—Dani, si hay unas vallas y además un cartel que pone «NO TOCAR», ¿tú qué crees? —le preguntó Claudia a Dani.

—Tarde… —respondió Dani, que ya se había metido entre las vallas e iba a tocar el móvil.

—A mí me parece que no pasa nada, qué timo —siguió Dani.

—Uff… Qué susto, bueno, Dani, sal de ahí —le dijo Eva. Dani parecía que no le estaba haciendo ni caso.

—Oye, me pica el ojo. ¿Tengo el ojo rojo? —decía Dani aún tocando el móvil gigante. En ese momento una luz muy potente se alzó por todo el aeropuerto.

—¡¡¡Mis ojos!!! —gritó Jose (poco más y no se escucha por todo el aeropuerto).

La luz puede que durara unos 0,2 segundos, era muy poco, pero molestaba tanto que me dio un leve dolor de cabeza.

—Buff… Menos mal que ya se ha apagado la luz. ¿Qué sería eso? ¿Alguno de vosotros ha visto de dónde salía? —pregunté yo aún mareada.

—No tengo ni idea… —se quedó pensando Marta.

Morti se bajó de la capucha de Marta y fue al sitio donde estaba el móvil.

—¿Morti, dónde vas? —le dijo Eva para que el gatito diera la vuelta, pero él siguió hasta la valla donde estaba el móvil. Morti intentó rascar la valla y empezó a maullar.

Miau… miau… miau…

Y así estuvo un buen rato hasta que Marta fue y lo cogió en brazos.

—Calla ya, Morti, venga, ven.

Mientras íbamos andando, yo me paré porque acababa de recordar que…

—Escuchad… ¡¿No nos falta alguien?! A ver, uno, dos, tres, cuatro, cinco, seis y… ¿¡Dani?! Dani no está —dije yo espantada.

—No me lo puedo creer… ¿Acaso Morti se había dado cuenta antes que nosotros? Somos unos amigos horribles —respondió Marta.

—Oye, Marta, pues tienes un gatito muy listo —añadió Jose.

—¿A qué esperamos? ¡Vamos a por Dani! —exclamé yo.

—Mira que se lo he advertido, de verdad, este chiquillo no tiene remedio… —se decía Claudia a sí misma.

—Vamos a ver… Recapitulemos, la última vez que vimos a Dani fue aquí en el aeropuerto cuando esa luz salió del móvil gigante. Si lo que tenemos que hacer es ir al móvil y meternos dentro de él…

Me quedé pensando un buen rato hasta que llegamos a donde estaba el móvil, así que abrimos la valla y tocamos el móvil, pasábamos tras él, lo abrazamos y nada, que no hay manera. Nos apartamos un buen rato y a Eva se le ocurrió una idea…

—Ey, ey, ey… ¡Tengo una idea! Tampoco sé si será buena, pero… —intentó decir Eva, pero yo le corté las palabras porque no tenemos mucho tiempo.

—Eva, por probar no perdemos nada de nada, venga, dinos, ¿cuál es tu idea? —dije superimpaciente.

—Eso era lo que iba a decir… Veréis, ¿antes había dicho algo Dani, como alguna palabra clave o algo de eso? —nos contó Eva.

—¿A qué te refieres? —preguntó Pope.

—Em… yo recuerdo que cuando Claudia le dijo que no podía colarse en las vallas para tocar el móvil, él dijo… «Tarde». Pero luego, la verdad es que no sé si dijo algo más —respondí yo.

—¿No dijo que le picaba el ojo o algo de eso? —preguntó Claudia.

—Sí, sí, ¡es verdad! —afirmó Jose.

—Y además nos preguntó que si él tenía el ojo rojo… —añadió Pope.

—¡¡¡Claro!!! Ya lo sé, chicos —exclamé contenta.

—¿Qué es, qué es…? —se impacientaron todos.

—Ojo rojo ¡Es la palabra! —dije yo.

—¿Por qué? —preguntaron los dos hermanos, pero Eva y Claudia parecía que ya lo iban pillando.

—A ver si lo pilláis… Ojo rojo, al revés se lee… —intenté decir, pero Claudia y Eva me cortaron las palabras a la vez.

—¡Ojo rojo! Se lee igual, probadlo —les dijeron a Jose y Pope.

—Ojo-rojo. ¡Anda, es verdad! —afirmaron los dos hermanos.

—Pues venga, ¡a qué esperamos! —dije yo con prisas, parecía que iba a amanecer, por eso nos volvimos a colar en las vallas, tocamos el móvil y todos a la vez dijimos…

—¡OJO ROJO!

Otra vez se volvió a poner por todo el aeropuerto esa luz blanca que salía por el móvil y…

—¡¡¡Aaaaah!!! —gritó Claudia.

—¿¡Dónde vamos!? —pregunté yo.

—¡Y yo qué sé! —me respondió Jose.

De un momento a otro la luz blanca desapareció, pero…

—¿Dónde estamos? —preguntó Pope.

—Em… ¿En el aeropuerto? —respondí yo algo dudosa, ya no estábamos en el aeropuerto, sino en un sitio bastante diferente.

—Parece una pantalla de un videojuego o algo de eso… —dijo Claudia.

—Sí, pero qué extraño. ¿Cómo hemos aparecido aquí? —se preguntaba Eva a sí misma.

—Dejemos las preguntas para luego, tenemos que buscar a Dani —respondí yo.

—Eso, eso, vamos —añadieron los dos hermanos.

Así que fuimos por un sitio totalmente desconocido, todo parecía irrealista, es como si nos hubiéramos metido en un móvil. Tenía como un fondo morado con pelotas de todo tipo y tonos morados, azules y verdosos, parecía que el espacio fuera infinito, rebotaba el eco. Intentamos llamar a Dani.

—¡Daniiiiiiiiii, responde si estás ahí!

Pero aun así Dani no respondía, le intentábamos volver a llamar pero no funcionaba, seguimos caminando durante un buen rato pensando cómo saldríamos de este lugar hasta que nos cansamos, pero la verdad es que parecía que no nos hubiéramos movido del sitio hasta que… ¡CLIC! Cambiamos de pantalla.

—¿Y esto? ¿Por qué ahora hay cosas que parecen aplicaciones? —preguntó Eva, en ese instante me puse a pensar y me acordé de que…

—Chicos… ¡Estamos dentro del móvil!

—¡¿Cómo?! —se extrañaron todos, parecía que todo esto no era increíble.

—Que sí, fijaos. ¿Dónde habríamos ido a parar si no? Además, este fondo de «pantalla» y estas aplicaciones, ¿de dónde salen si no? —les dije yo para que lo reconocieran.

—Es que me parece muy irreal, pero a mí también me parece que nos hemos metido dentro del móvil —reconoció Eva.

—¡¡¡Qué fuerte!!! —exclamó Claudia.

—Mirad, es un móvil y puede que tenga muchas aplicaciones. ¡Probemos a meternos en una! —les propuse yo.

—¡No! Tenemos que buscar a Dani —me respondió Pope.

—¡Por eso! Si nos metemos en una de estas aplicaciones lo encontraremos, pronto comenzará a amanecer y por eso debemos darnos prisa —dijo Claudia.

—Vale, tenemos… Instagram, TikTok y… YouTube. ¿A cuál pensáis que se podría haber metido? —nos preguntó Claudia.

—Está todo el día viendo TikTok, hasta hay veces que le tengo que quitar el móvil para que me haga caso. Es que a mí eso de ver vídeos no me mola, me gusta publicarlos —contesté yo.

—Pues… si os digo la verdad, yo pienso que se ha metido en Instagram —pensó Claudia.

—¿Probamos en las dos? —preguntó Jose.

—Vale, iremos primero a TikTok —afirmó Eva.

Tuvimos que saltar para llegar a TikTok, hasta nos subimos en los hombros de Claudia para poder llegar. Cuando uno llegaba, desde ahí cogía al siguiente y así sucesivamente, hasta que todos pudimos subir a TikTok. Cada vez nos adentramos más y más hasta que llegamos a un vídeo, el volumen estaba demasiado alto y de repente se escuchó…

—Tortitas saludables en 10 minutos…

—¡¡¡AAAAH, el volumen está muy alto!!! —gritamos todos.

—Saludos, ¿qué queréis? —nos dijo un señor que venía de un comentario.

Sé que no os lo creéis, yo tampoco sabía si lo que estaba viendo era real o eran imaginaciones mías.

—Hola… Estamos buscando a un niño, se llama Dani —dijo Pope.

—Sí, me suena… Está en el curso de cocina —nos respondió el señor del comentario.

—¿Curso de cocina? ¿A qué se refiere? —preguntamos todos.

—Está dos vídeos más abajo —nos respondió el señor, y directamente se fue sin escuchar qué más le decíamos.

—Oiga… oiga, ¿dónde? —le seguimos diciendo, pero él no nos hizo caso.

Así que, sin más, saltamos dos vídeos más abajo, eran tutoriales de cocina, pulsamos en la cuenta y nos llevó a unas clases de cocina.

—¿Qué, ahora dónde estamos? —pregunté yo.

—Holaaaa, bienvenidos seáis, clase, tenemos alumnos nuevos. ¿Cómo os llamáis? —nos dijo el chico que había en esas clases de cocina, no nos dio ni un solo momento para respirar.

—No, no… Solo veníamos a por un niño llamado… —intentó decir Claudia, pero Jose le cortó las palabras.

—¡¡¡Danii!!!

Al fin te encontramos, no sabes lo preocupados que nos tenías.

—Ah, pues venga, poneros los delantales que hoy vamos a cocinar tarta de frambuesas…

El señor siguió con su clase, pero no entendió que no nos queríamos quedar allí, así que nos obligó a ponernos los delantales y cocinar.

—Dani, en menudo lío nos has metido —le dije yo en el oído.

—Venga, el tiempo empieza ya, tenéis veinte minutos —nos dijo el chico.

—¡¡¡Veinte minutos!!! Eso es demasiado poco —exclamó Jose.

—No os preocupéis, buscaremos una solución —respondió Eva.

—Eh, vosotros, ese grupito de ahí, no estéis de cháchara que el tiempo corre —nos volvió a decir el cocinero.

Así que, sin más dilación, nos fuimos los siete a una de las mesas y nos pusimos a cocinar.

—Marta, pásame la harina —le dijo Eva.

—¿Cuántos arándanos echo? —preguntó Dani.

—¡No! Arándanos no, eran frambuesas —exclamé yo un milisegundo antes de que lo echara junto a la harina y el huevo.

—¿Qué más nos falta? —preguntó Jose.

—Ralladura de naranja y al horno —dijo Marta.

—Perfecto —respondimos todos.

—Cinco minutos… —exclamó el chico para meternos más prisa.

—Ahí va, aún nos quedan seis minutos en el horno, y encima tenemos que decorarla con la nata —se alertó Claudia.

—No os preocupéis, para la decoración tenemos dos minutos extras —nos dijo Dani.

—Vale, menos mal, aunque tampoco hay mucho tiempo —exclamó Marta aún con prisas.

—¡Ya hay que sacarlo del horno! —contestó Pope.

Rápidamente lo sacamos del horno y lo pusimos en un plato de cristal, la partimos por la mitad y le añadimos la nata por el centro y por arriba, además le pusimos unas pocas frambuesas por arriba en forma de círculo y una pequeña fresa en el centro y justo en ese momento…

—¡Tiempo! —respondió el chico de cocina.

—Genial, nos ha dado tiempo —exclamamos todos.

—Ahora ya nos podemos ir —dijo Claudia.

—Ey, ey, ¿dónde vas?

—Ahora la jueza tiene que probar las tartas y decir cuál le parece la más buena —respondió Dani.

—Lo menos probable será que ganemos, hay muchísimos grupos… —pensó Marta.

La jueza se fue pasando por todas las mesas, en total éramos siete equipos, cada uno de siete personas.

—¡Voy a dar comienzo a la valoración de tartas! Pasaré por cada mesa, la mejor… ¡Ganará el premio! ¿Preparados? —exclamó la jueza, nada más terminar la frase tocó un timbre y fue a la primera mesa, la cual aquella tarta era preciosa, era como la galaxia, hacían unos muñequitos de fondant: un cohete, un astronauta, la luna, las estrellas… hasta la cobertura de la tarta era de fondant, creo que era un poco empalagoso, la jueza no puso muy buena cara, pero aun así ella dijo:

—Muy bien chicos, nada mal.

La jueza fue pasando a la segunda, a la tercera y a la cuarta mesa, y así sucesivamente hasta que llegó a la última mesa (la nuestra).

—Está bastante bueno, ni demasiado dulce ni demasiado soso… (Decía la jueza mientras saboreaba) le queda muy bien ese sabor a frambuesa y habéis complementado muy bien todos los ingredientes, no tiene ni un solo grumo…

Nos gustó bastante lo que nos dijo, pero me dio la sensación de que lo había dicho demasiado seco.

En un momento dado, la jueza cogió el micrófono y anunció al grupo ganador.

—Holaa, chicos, ¿se me escucha? Voy a anunciar a quien ha hecho la mejor tarta, pero no solo hay que fijarse en la apariencia, sino en el sabor… He de decir que todas son únicas, especiales y mágicas. Cada grupo lo ha hecho de sabores distintos y además me han encantado todas las decoraciones que habéis hecho, bueno, lo mejor será que anuncie ya a quien ha ganado que si no me pongo a hablar y no paro hasta mañana ja, ja… Los ganadores a la mejor tarta… son… ¡¡¡El grupo número siete!!! venga, subid al escenario, que os lo merecéis.

—¡¡¡Yujuu!!! —gritó Dani mientras pegaba un salto.

—¡Qué guay! No me lo esperaba —exclamé yo, y todos nos acercamos al escenario corriendo de lo contentos que estábamos.

—Bueno, chicos, ¿cómo os sentís, os ha gustado la experiencia de hacer la tarta? —nos preguntó la jueza.

—¡Nos ha encantado, volveríamos a repetir! —gritó Marta.

—Pues... creo que no hay más que hablar ¡El premio es vuestro! —nos dijo la jueza.

—¡¿Qué será?! —le preguntó Pope.

—Son... ¡cuarenta y nueve pulseras inteligentes! —dijo la jueza.

—¡¡¡Alaaaa!!!

Todos nos pusimos contentísimos.

—Oye, chicos, ¿estáis pensando lo mismo que yo? —nos preguntó Eva en voz baja.

—Creo que no, ¿por qué lo dices? —preguntó Jose.

—Porque ya que tenemos tantas, podemos repartirlas entre todos los grupos ¡tenemos cuarenta y nueve!—dijo Eva.

—Por si no os creéis que esas pulseras son tan maravillosas, es porque parece como un trozo de plástico que se engancha a la muñeca ¡pero no! Le puedes hablar y te contesta, además puedes ver a una personita que sobresale de la pulsera que hace lo que le pides ¡está chulísimo!

—¡Parecen del futuro! —exclamó Pope.

—Ay, hermanito mío que no te enteras... ¡Es que son del futuro!—le respondió Jose.

—Es que... no sé si sería buena idea repartirlas entre todos, nos las hemos ganado.

Cambió de tema Dani.

—Seamos generosos, si nos hubiera pasado eso a nosotros también nos gustaría que nos las regalaran —dijo Marta.

—¡Claro! Aunque la verdad no sé si ellos hubieran hecho lo mismo —añadí yo.

Claudia le dijo en el oído a la jueza que queríamos compartirlo con todos.

—¡Gran elección!

—Sois muy generosos, no me esperaba que hicierais esto —nos contestó la jueza y luego ella les dijo a todos los que estaban en la clase de cocina... — Chicos, vuestros compañeros del grupo siete se han puesto de acuerdo y han decidido que como tienen muchas pulseras inteligentes... ¡Van a repartirlas con todos vosotros!

—¡Qué guay! ¡Qué chulada! ¡No sabéis el tiempo que he estado ahorrando para intentar conseguirla! —dijeron todos los demás mientras se acercaban corriendo y cogían una pulsera inteligente de la caja.

—¡Pues nada, chicos, hasta aquí la clase de cocina!

—Podéis marcharos... Menos vosotros —exclamó la jueza.

—¿Nosotros? —le preguntamos a la jueza.

—¡Sí! Venid conmigo —nos dijo mientras nos hacía un gesto para que la siguiéramos. Ella nos llevó por detrás del escenario para que nadie pudiera vernos, y nos preguntó si queríamos participar en la final de cocina del mundo, obviamente nosotros le dijimos que sí, por supuesto, pero luego nos quedamos pensando durante un buen rato y nos dimos cuenta de que no podemos estar durante tanto tiempo aquí, en el móvil.

—¿Qué hacemos ahora? Si nos vamos no podremos volver a esta cuenta de cocina, no la encontraremos —dedujo Jose.

—Ya, pero es que no sabemos el tiempo limitado que podemos estar aquí. ¿Qué pasaría si de repente nos que-

damos aquí para siempre? Lo mejor sería no arriesgarse, vámonos —nos dijo Marta.

—Será lo mejor… —añadió Dani agachado.

—¡Esperad!… —exclamó Pope—. ¿Por qué no le preguntamos a la jueza y al cocinero si podemos hacer ahora el concurso? Les decimos que tenemos mucha prisa y que no podemos quedarnos más. Podemos intentarlo, ¿verdad?

—Si no hay otro remedio… —dijo Marta cansada, los demás se fueron a buscar a la jueza y al cocinero, cuando los encontramos les dijimos.

—Señor cocinero. Por casualidad no será ahora el concurso de cocina, ¿verdad? —preguntó Dani entusiasmado.

—Déjame ver… —decía el cocinero mientras se sacaba un papel doblado del bolsillo—. Ajam… sí, es ahora en diez minutos empieza, espero veros allí.

—En diez minutos… solo tenemos que hacer la receta que nos piden y nos vamos, pan comido —respondí yo.

—Sí, claro que vamos ¡A ganar el concurso! —dijo Dani.

—Venga vamos a hacerlo por Dani —añadió Claudia cuando Dani ya estaba decidido de que íbamos a ganar. Y… otra vez estamos aquí, pero está mucho más guay.

—Bienvenidos al concurso mundial de cocina, Estamos en directo… hoy cocinaremos ¡pasta rellena! ¿Preparados? Tres, dos, uno… comienza el tiempo, veinte minutos. —dijo el cocinero.

—Necesitamos: harina, huevo y agua, eso solo para la masa… —pensó Dani.

—Perfecto, ¿de qué los rellenamos? —preguntó Pope.

—A mí me gustaría de tomate, carne y queso… —pensó Jose.

—Pues vamos a hacerlo con ese relleno, me parece buena idea. Yo me quedaré con Dani y Jose a hacer la masa. —comentó Marta.

—Vale, Claudia y yo haremos el relleno —contesté yo.

— Yo y Eva iremos a por lo que necesitamos y pondremos el agua a hervir. —añadió por último Pope.

—Tres, dos, uno… ¡A por todas!

exclamamos todos a la vez mientras poníamos las manos en forma de torre, y nos pusimos manos a la obra. Marta y Dani hicieron formas de corazón con la pasta, cuando terminaron, nos pasaron la pasta aún sin cocer y lo rellenamos. Después, Eva y Pope los cerraron, los pintaron con huevo y los metieron al agua hirviendo. Mientras esperábamos a que se cocieran y estuvieran blanditos, decidimos preparar una salsa de tomate para añadirla por encima de la pasta. Cogimos unos tomates y los partimos en trocitos, añadimos nata para cocinar y lo metimos en una sartén, lo tapamos con una tapa y esperamos, pero no mucho, porque…

—¡Chicos, cinco minutos! —comentó el cocinero.

—¡No os preocupéis, ya tenemos la pasta! Vamos a colarla. —dijo Eva.

—Nosotros también tenemos la salsa de tomate. —contesté yo.

—¡Vamos a emplatarlo! —exclamó Marta.

Cogimos un plato llano blanco, pusimos los raviolis con forma de corazón, le añadimos un poco de salsa de tomate y…

—¡¡¡Tiempo!!! —exclamó el cocinero.

—¡Espera! Falta el toque especial. —gritó Dani, que venía corriendo desde la otra punta de la cocina hasta que llegó a nuestro lado con una hojita de perejil y la añadió en la cima de los raviolis.

—¿¡En serio, Dani, solo por eso?! —preguntó Claudia extrañada.

Volvió la jueza y se volvió a pasar por todas las mesas. Llegó a la nuestra, ella lo probó y puso muy buena cara, parecía que le había gustado mucho cuando fue a dar los resultados...

—Chicos, he de decir que no está nada mal, os habéis esforzado mucho, pero... tenemos un empate... ¡Equipo siete y equipo dos!

—¿Qué, qué quiere decir esto? —me preguntó Claudia.

—No tengo ni idea. —le respondí yo.

—Tendremos que subir, ¿no? —preguntó Pope en general.

—Sí, vamos al escenario. —respondió su hermano Jose.

—Bueno, equipo dos y siete... Tenéis que enfrentaros a un duelo de cocina, tenéis que elegir a un representante de cada grupo, cuando lo tengáis claro pulsad el botón rojo. —dijo la jueza. Todos nos pusimos a mirar a Dani y Eva contestó.

—A ver, Dani, tú nos has metido en esta y nos vas a sacar, así que no hay más que hablar.

—No, no, pero es que... —intentó decir Dani, pero Claudia le cortó las palabras pulsando el botón rojo.

—Anda, qué rápidos, ¿ya lo tenéis? ¿Quién será vuestro representante? —respondió la jueza. En ese momento todos señalamos a Dani y se lo llevó con Irene, la representante del grupo dos. Ya veremos qué le toca cocinar y que no la líe, por favor. Ja, ja.

—Irene y Dani… Vais a cocinar un postre típico de París y además algo difícil… ¡Macarons! —dijo el cocinero.

—¡¿Macarons?! Chicos, no lo he cocinado en mi vida… —nos decía Dani desde la valla, él estaba muy nervioso.

—¡No te preocupes, lo harás genial, estate tranquilo, ánimo que tú puedes! —le decíamos desde el otro lado de la valla para darle ánimos.

Dani e Irene se pusieron a cocinar, he de decir que a los dos representantes se les da bien la cocina, a los minutos ya los iban a meter al horno.

—¡Madre mía, qué bien huele! —dijo Jose.

Y después de un rato ya los habían sacado, los de Dani estaban un poco pochos, por lo que a primera vista no parecía que le había salido muy bien ¡pero no pasa nada! Porque cuando la jueza fue a probarlo, le encantó. Pues que por fuera no tenga muy buen aspecto, pero cuando lo pruebas están deliciosos. Nosotros creíamos que Dani había perdido el concurso, porque los macarons de Irene estaban mucho más perfectos y con mucha más buena pinta, y… estábamos en lo cierto.

—Equipo siete, esta vez no habéis tenido tanta suerte, no os preocupéis ¡habéis participado! Equipo número dos ¡sois los ganadores! —exclamó la jueza.

—¡Bien! ¡¡¡Genial, Irene!!! ¡Increíble, qué guay! —vitoreó el equipo dos.

—Dani, bien jugado, o más bien, cocinado, ja, ja. —dijo Irene mientras se alejaba de su equipo.

—Lo mismo digo. —añadió Dani mientras se daban la mano.

—Con lo cual… ¡hemos terminado el concurso! —volvió a exclamar la jueza.

Después de recoger todos los utensilios y limpiar, salimos del programa de cocina, bueno, estábamos buscando la salida y como ya había terminado, desapareció en un momento dado. Pero pudimos encontrar la salida (menos mal porque la verdad es que no me habría hecho gracia quedarme ahí dentro para siempre) y…

—¡¡¡Chicos, ya está amaneciendo, tenemos que quedarnos dentro de la habitación que nos han dado, la chica dijo que vendría a despertarnos!!! —exclamó Marta.

—¡Vamos, corred! —añadió Eva.

—¿¡Dónde?! —preguntó Jose.

—¡¡¡A las habitaciones!!! —dije yo. Y nada más decir esas palabras nos cruzamos a la chica que venía por el otro lado, con lo que fuimos a la habitación pero… la llave ESTABA DENTRO.

—¿¡PERO QUÉ?! ¡A ver ahora qué hacemos, cómo le explicamos que hemos salido de la habitación! —Claudia se puso súper nerviosa.

—Vale, no os preocupéis, solo vosotros seguidme el rollo. —dijo Pope, le hicimos caso porque no nos quedaba otra opción.

—¡Por ahí viene! Disimulad… —dije yo.

—Em… hola, ¿qué hacéis aquí fuera?, ¿no os dije que si se enteran de que os he dejado quedaros a mí me echan? —la chica nos puso cara de extrañada.

—A ver… ¿pero qué digo? —nos preguntó Pope en voz muy baja.

—Lo que sea pero rápido. —dijo su hermano también en voz muy baja.

—Ejem… resulta que… Queríamos ir al baño y… nos dejamos las llaves dentro, pero eso ha sido hace nada, no te pienses que hemos estado aquí toda la noche. ¿Verdad chicos? —nosotros dijimos que sí con la cabeza pero no tan contentos.

—Pero chicos… si tenéis un baño muy grande en la habitación girando hacia la izquierda, está a dos pasos. ¿Qué habéis hecho? No sé por qué os cuesta tanto explicármelo. —nos preguntó la chica sin creerse nada de lo que le decía Pope (que en realidad ya se podía haber inventado algo más creíble).

—Pues…

Le contamos toda la historia a la chica y cuando pensábamos que nos iba a llamar la atención, se ríe con nosotros, es bastante maja.

—Ya pensaba yo algo así, no os preocupéis, pero a la próxima no me volváis a hacer una de estas, eh. Debo volver al trabajo, recoged vuestras maletas y vestíos, de momento son las siete y media de la mañana, tenéis tiempo, porque como os he dicho hasta las siete y media de la tarde no sale el próximo avión, disfrutad un poco y luego nos vemos, ¿vale? —respondió la chica.

—Perfecto, ¡hasta luego! —exclamamos todos a la vez, y nos fuimos alejando poco a poco, pero la chica nos detuvo un instante.

—Se me había olvidado decíroslo, aquí hay una cafetería en la que podéis desayunar. —nos gritó desde el otro lado.

—¡Gracias! —respondimos todos.

Desayunamos en la cafetería que nos recomendó la chica y nos paramos a pensar en qué podríamos hacer en nuestro último día en Roma, ya hemos visitado muchas cosas, por lo que ahora viene pasárselo bien de verdad, con lo que…

—Yo opto por ir a la tirolina más larga y más alta del mundo ¡¡¡mide dos kilómetros!!! —exclamé yo entusiasmada, teníamos que ir a probarla ya que estamos en Roma, y Eva debería vencer su miedo a las alturas. —dije yo entusiasmada.

—Es que… chicos, las alturas ya sabéis que a mí… no me van. —respondió Eva.

—Eva, tienes que vencer tu miedo, tienes que afrontarlo y seguir adelante, vamos. —añadió Marta animándola.

—Ays, si insistís… —se quejó Eva.

—¡Bien! —dijimos todos a la vez.

Pedimos un taxi y nos llevó a ¡la tirolina! Madre mía, es mucho mucho más grande de lo que pensaba, te puedes tirar de dos maneras, tú eliges si quieres ir sentado, o de cabeza.

—¡Qué chulada! —exclamó Dani.

—Yo no voy ni de broma a la de cabeza, ¡eh! —avisó Eva.

—Pues yo no voy ni de broma sentada, hay que hacerlo a lo grande ¡quién está conmigo! —gritó Claudia.

—¡¡¡Nosotras!!! —gritamos Marta y yo a la vez.

Sacamos las entradas para tirarnos por la tirolina y, en un abrir y cerrar de ojos, ya llevábamos el arnés puesto. Iba de dos en dos o de tres en tres, era como una carrera, competir contra tu amigo a ver quién llega antes al otro lado de la tirolina. Yo me tiré con Dani y Claudia, Marta con Eva y los dos hermanos juntos.

—¡¡¡Yujuuuu!!! Parecemos pájaros.

Dijo Marta, que se le ponía el pelo en la cara.

—Siiiii, qué guay.

Seguíamos chillando y pasándolo pipa.

—¡¡¡Ah!!! ¡Estamos cogiendo demasiada velocidad!

Exclamaba Pope asustado.

—¡¡¡Es demasiado alto!!! —se alertó Eva, cerró los ojos con todas sus fuerzas.

—Noo, ya casi se va a acabar, ya veo el tramo.

Dijo Jose, mientras su hermano seguía gritando, pero justo en el último tramo, empezó a coger mucha, mucha velocidad, tanta que cuando la tirolina terminó, no sé cómo no nos estampamos con el muro. Cuando nos bajamos y ya nos habíamos quitado los arneses y ya estábamos dentro del taxi, Eva dijo:

—No ha estado mal.

—Tan sosa como siempre, Eva, ha estado suuuper genial, ¿no ha sido la mejor tirolina que os habéis montado en el mundo?

Nos preguntó Claudia.

—¡Claro que sí! Por algo es la mejor y más larga del mundo, además coge mucha rapidez. —Respondí yo.

—Sisi, ha sido una pasada. Oye, tengo hambre, ¿vamos a comer algo a algún sitio? —añadió Dani.

—Pero Dani, si acabamos de comer... —respondió Jose.

—Es verdad.

Le siguió su hermano.

—Ays... es que Dani siempre, siempre tiene hambre —añadió Eva.

—¿Y si vamos a tomarnos un helado? —preguntó Dani.

—Sí, frente a la Fontana di Trevi —respondí yo.

—¿A esa fuente tan grande y tan bonita? —preguntó Dani.

—Sí, esa misma. Allí hacen helados artesanales —añadió Marta.

—¿Podría llevarnos a la Fontana di Trevi, por favor? — le preguntó Eva al taxista.

—¡Por supuesto! Estaremos allí en diez minutos —nos respondió. Mientras tanto, fuimos mirando el paisaje que podía verse tras la ventana, y en un abrir y cerrar de ojos ya estábamos allí. Como no se puede entrar con el taxi a la fuente, el taxista nos dejó en una esquina y de allí fuimos caminando hasta la fuente, bueno, primero a por los helados.

—¡Qué guay! Desde aquí se puede ver cómo hacen los helados —exclamó Pope.

—¡Ala, es verdad! Yo me voy a pedir uno de: nata, pistacho, fresa, frambuesa, arándanos, coco, mango, chocolate, café, cereza y vainilla —dijo Dani.

—Será broma, ¿no? —preguntamos todos mirándole muy extrañados.

—¡Que no es broma! —nos dijo enfadado.

—Vale, vale, tranquilo, pero quítale el de café que si no te activa más de lo que estás. Eh —le dijo Eva a Dani. Un rato esperando en la cola, ya nos tocaba. Pedimos todos nuestros helados y Dani…

—Chicos, yo creo que le voy a añadir algo más, es que como son artesanales no tienen nada que envidiar a otros. Estamos en Roma—añadió Dani antes de pedir hasta que se formó una tremenda cola y la dependienta le dijo:

—¿Vas a pedir ya, o qué?

—Ay, sí, sí. Voy a pedir un helado de… —y empezó a decir todos los sabores que le salían de la cabeza. Nada más terminar de pedirlos, tardó unos cinco minutos en poner uno encima del otro sin que se cayeran (hay que decir que es una cosa muy, muy difícil de hacer).

—Pues madre mía, Dani, si es más grande que tú… —le dijo Jose.

—¿Te vas a comer todo e…? —Claudia se quedó paralizada antes de que pudiera terminar la frase, se había tragado todas las bolas de helado, bueno… casi todas, porque por lo menos seis se le cayeron al suelo.

—Ajam… creo que me ha quedado claro, Dani. Jajaja.

Siguió Claudia, mientras todos los demás nos comíamos nuestro helado sentados justo en frente de la fuente. La verdad es que no le faltaba de nada, se ve que fue bastante difícil de construir, picar el mármol es bastante difícil, porque en cualquier momento se te puede romper.

—Esta fuente fue construida en 1762, es una de las más importantes de toda Roma. Antes esto que veis que mide más de cincuenta metros era el final de un acueducto, es decir, que antes transportaba el agua hasta aquí. —Nos explicó Marta.

—Pues es verdad que no se te había olvidado el trabajo de guía ja, ja. —Añadió Eva.

—Un momento, ¿y Morti? —preguntó Claudia.

—¿Quién o qué es eso? —se preguntó el despistado de Dani.

—¡¡¡MI GATITO!!! —gritó Marta, la verdad gritó tan, tan fuerte que lo habrán escuchado hasta la otra punta del mundo.

—¿Dónde estará? ¿Estaba antes de que llegáramos a por los helados? —Pregunté yo.

—Sí, sí, estoy segura de que estaba, hasta que... —intentó decir Marta, pero Jose le cortó las palabras.

—¡Se bajó de tu hombro!

—¡Sí! Lo recuerdo —exclamó Marta.

—Con lo que no puede estar muy lejos —añadí yo y fuimos a buscarlo rápidamente, hasta que después de un buen rato...

—¡Ahí está! —exclamó Dani mientras señalaba la fuente.

—¡Dios mío, Morti!

Marta se asustó tanto que corrió hasta la fuente y rescató a Morti del agua. Marta lo abrazó y luego le echó unas riñas, más que unas riñas sería como decirle...

—No vuelvas a hacerlo, ¿vale? ¡Ayy, qué mono eres! —decía Marta todo el rato.

—¡¡¡Chicos!!! —dijo Claudia asustada mientras caminábamos yéndonos de la Fontana.

—¿¡Qué pasa?! —exclamó Eva asustada.

—El avión sale enseguida, como no corramos en media hora no estamos allí, hay que tener en cuenta que estamos en la otra punta de Roma —siguió diciendo Claudia.

—Y… ¿y ahora qué? —preguntó Dani.

—¿Y ahora qué? ¡Pues correr, venga! —exclamé yo.

Y así fue como empezamos a correr por las calles de Roma con el GPS para saber si íbamos bien, es que nunca llegamos a tiempo a los sitios y si llegamos es porque siempre vamos con prisa ja, ja.

Siempre nos pasa igual.

Ya casi estábamos llegando, nuestro avión salía en menos de cinco minutos, y cuando pensábamos que todo estaba perdido…

—Oh, oh… Ese no será nuestro avión, ¿verdad? —pregunté yo asustada.

—Ehm… Me parece que lo habéis vuelto a perder —dijo Jose.

—¡Mecachis! —exclamó Dani.

—Disculpe, ¿el avión que va a España ha salido ya? —le preguntó Marta al chico de recepción.

—Pues… a ver… —se puso las gafas y comenzó a buscar en el ordenador—. No, ha habido una avería y tienen que cambiar el avión, tardarán unos treinta minutos, esperen por aquí, les avisarán.

—Vale, muchas gracias —contestó Eva, se giró hacia nosotros y dimos un salto mientras gritamos…

—¡Bien!

—Pues menos mal, si ya nos pasó una vez y además en el mismo aeropuerto no quería pensar en la siguiente, ja, ja.

Dijo Dani y todos nos empezamos a reír mientras esperábamos en unos de los sofás cómodos del aeropuerto y estuvimos conversando, cuando nos dimos cuenta, por el megafonillo se escuchaba una chica que decía que nuestro avión ya estaba listo y decidimos ir para allá (no vaya a ser que nos pase otra vez). Nos despedimos de Marta y de los dos hermanos (Jose y Pope) y fuimos directamente al avión, les decíamos adiós desde el ventanal de la pasarela antes de subir al avión. A pesar de que solo hemos estado unos días, hemos conocido a unas personas muy importantes, hemos vivido aventuras, pasado miedo e incluso somos más que amigos, somos una familia. Y aunque unos vivan en otro país, otros en el pasado, en el presente o en Roma, somos inseparables, esto acaba de empezar, es como el final del principio, no sé si me explico ja, ja.

—Ainhoa, ¿en qué piensas? Vamos, que si no no llegaremos al avión, que sale ya.

Me llamaron mis amigos y fui corriendo hasta llegar a ellos, me di la vuelta por última vez para mirarlos y asimilar que quizás nunca podría volver a verlos.

Nunca los olvidaré.